QUE SAIS-JE ?

Les étapes de la décolonisation française

XAVIER YACONO
Professeur honoraire des Universités françaises

Cinquième édition mise à jour
36e mille

DU MÊME AUTEUR

Les bureaux arabes et l'évolution des genres de vie indigènes..., Paris, Larose, 1953, 448 p. *(épuisé)*.

La colonisation des plaines du Chélif..., Alger, chez l'auteur, 1955-1956, 2 vol., 444 et 424 p.

Les débuts de la franc-maçonnerie à Alger (1830-1852), Alger, Société Historique Algérienne, 1959, 118 p. *(épuisé)*.

Un siècle de franc-maçonnerie algérienne (1785-1884), Paris, Maisonneuve-Larose, 1969, 320 p.

Histoire de la colonisation française, Paris, Presses Universitaires de France, 4e éd., 1984, coll. « Que sais-je ? », n° 452.

Histoire de l'Algérie, 1830-1954, à paraître au SEDES.

EN COLLABORATION

Vingt-cinq ans d'histoire algérienne. Recherches et publications (1931-1956), Alger, Gouvernement général, 1956.

Initiation à l'Algérie, Paris, Adrien-Maisonneuve, 1957.

Université d'Alger (1909-1959), Alger, Gouvernement général, 1959.

Histoire de la vie française, Paris, Editions de l'Illustration, vol. VII et VIII, 1972-1973.

Les Pieds-Noirs, Paris, Club du Livre, 1982.

ISBN 2 13 044010 X

Dépôt légal — 1re édition : 1971
5e édition mise à jour : 1991, octobre

108, boulevard Saint-Germain, 75006 Paris

Introduction

DEUX DATES

1930 : Sous un gouvernement décrié, le second ministère Tardieu, Métropole et Empire retentissent des fastes du Centenaire de l'Algérie française et l'imposante revue navale du 10 mai, à Alger, semblera une prise de possession de la mer au point que, revenant d'Oran, les anciens combattants seront étonnés de rencontrer « une flotte allemande qui vogue là-bas sur notre Méditerranée » *(L'Illustration)*. Il paraît naturel, au même moment, de réunir en Tunisie, sur une terre musulmane, le XXXe Congrès eucharistique international et de proclamer que « l'hostie ressuscite Carthage » *(La Croix)*. Quelques mois plus tard, à Vincennes, en mai 1931, s'ouvrira, prête à la date fixée, sous la direction du maréchal Lyautey, la grandiose Exposition coloniale à laquelle les Etats-Unis eux-mêmes avaient tenu à participer et, autour du lac Daumesnil, devant les pavillons des différents territoires édifiés dans le style local (dont le fameux temple khmer d'Angkor-Vat), la foule prend conscience, pour la première fois, et pour un moment, de l'extraordinaire construction que constitue « l'Empire français » (expression dont l'emploi se généralise alors). Quatre siècles d'efforts ont abouti à mettre sous la souveraineté française un territoire de plus de 12 millions de kilomètres carrés, peuplé de quelque 64 millions d'individus et on peut parler de « la France de cent millions d'habitants ».

1962 : Sous un président prestigieux, le général de Gaulle, les Français d'Algérie, dans un climat de désarroi sinon de panique, au milieu des attentats de toutes sortes, se pressent vers les ports dans l'espoir, souvent déçu, de prendre place sur le navire de l'exode. Ils fuient avant la date fatidique du 1er juillet qui verra l'indépendance de ce qui est encore l'Algérie française. Il a fallu un siècle pour établir une communauté européenne d'un million d'âmes qui s'efface en six mois. Depuis 1954, la souveraineté française avait disparu d'Indochine et depuis 1960, en Afrique, elle ne se maintenait plus qu'en Algérie et à Djibouti. Djibouti nous restait et, avec les autres territoires et départements d'outre-mer, il constituait un ensemble de 162 000 km^2 (sans la terre Adélie) et d'environ 1 600 000 habitants, vestiges de cet immense Empire dont un journaliste du *Temps*, traduisant une opinion alors très répandue, disait en 1931 que : « Sans lui, nous nous acheminerions vers une véritable déchéance. »

Comment, en trois décennies, un tel effondrement a-t-il pu se produire ? L'historien a la partie belle et il peut, après coup, discerner les lézardes qui couraient à travers les murs de l'édifice, à première vue impérissable, de 1930. L'examen de la situation à ce moment montrera quelle était leur nature, et aussi leur importance. Alors, cadre et acteurs connus, le drame, qui deviendra tragédie, se déroulera en cinq actes :

— La crise mondiale,
— La guerre de 1939-1945,
— L'Union française,
— La Communauté,
— L'indépendance de l'Algérie.

Et quand le rideau tombera, dans les premiers jours de juillet 1962, sur la scène mondiale une autre période de l'histoire de la France aura commencé et, en conclusion, nous verrons ce qu'il en est aujourd'hui de l'héritage colonial.

Chapitre Premier

L'EMPIRE VERS 1930

En 1930, il y a juste un siècle qu'une expédition étrangère à toute préoccupation coloniale, en s'emparant d'Alger, ouvrait la voie à l'impérialisme français. Depuis, les possessions d'outre-mer avaient vu leurs territoires couvrir une superficie mille fois plus étendue et leur population devenir 120 à 130 fois plus nombreuse. Un monde nouveau était né qui paraissait définitivement un monde français.

I. — Le cadre

1. **La structure géographique.** — « Lâchons l'Asie, prenons l'Afrique », conseillait Onésime Reclus en 1904. Conseil à moitié suivi. Nous avions pris de l'Afrique tout ce que nous avions pu sans lâcher ce que nous possédions en Asie et ainsi s'était trouvé constitué un empire essentiellement africain (les cinq sixièmes quant à la superficie) avec une part importante en Asie (les deux cinquièmes de la population totale) et, à côté de ces deux masses imposantes, nombre de territoires de moindre importance disséminés en Amérique, dans l'océan Indien et l'océan Pacifique sans parler d'un morceau du continent antarctique (voir le tableau).

2. **Les structures politiques et administratives.** — Alors que l'Empire britannique est agité par une

L'EMPIRE FRANÇAIS EN 1931

Territoires	*Superficie en km²*	*Population totale*
Amérique :		
Saint-Pierre-et-Miquelon	242	4 000
Martinique, Guadeloupe et dépendances (Marie-Galante, la Désirade, les Saintes, Saint-Martin, Saint-Barthélemy)	2 870	500 000
Guyane	90 000	29 000
Afrique du Nord :		
Maroc	415 000	5 405 000
Algérie	2 195 000	6 553 000
Tunisie	125 000	2 411 000
Afrique Noire :		
A.O.F. : Sénégal, Mauritanie, Soudan, Niger, Guinée, Côte d'Ivoire, Dahomey	4 659 000	14 576 000
A.E.F. : Gabon, Congo, Oubangui, Tchad	2 370 000	3 196 000
Sous mandat : Cameroun	418 000	2 192 000
Togo	56 000	750 000
Côte française des Somalis	22 000	69 000
Océan Indien :		
Madagascar et les Comores	592 000	3 759 000
La Réunion	2 500	198 000
Saint-Paul et la Nouvelle-Amsterdam	62	
Archipel Crozet	500	
Archipel des îles Kerguelen	7 000	
Antarctique : Terre Adélie	432 000	
Asie :		
Syrie et Liban (mandat)	200 000	2 546 000
Territoire de Cheikh-Saïd (Arabie)	1 622	1 000
Indes françaises	508	286 000
Indochine (Tonkin, Annam, Cochinchine, Cambodge, Laos)	736 000	21 452 000
Kouang-Tchéou-Wan	842	206 000
+ Shanghai (concess.)		
Océan Pacifique :		
Nouvelle-Calédonie et dépendances	18 500	57 000
Nouvelles - Hébrides (condominium franco-britannique)	12 000	44 000
Etablissements français d'Océanie (Polynésie)	4 000	40 000
Ile Clipperton	8	
+ Wallis & Futuna (Prot)	12 360 654	64 274 000

évolution profonde (*India Act* de 1919, fin du protectorat égyptien en 1922, souveraineté reconnue des Dominions en 1926 et statut de Westminster en 1931), l'Empire français connaît peu de transformations politiques et administratives depuis 1914 ou même 1900.

A Paris, ce qu'on pourrait appeler un gouvernement tricéphale : les Affaires étrangères ont la haute main sur les protectorats de Tunisie et du Maroc ainsi que sur les mandats de Syrie et du Liban ; le ministre de l'Intérieur contrôle l'Algérie sauf pour les services « rattachés » (Armée, Justice, Education nationale) et le ministère des Colonies régente tout le reste. Si, à ce moment, on constate, avec Aristide Briand, une grande stabilité dans la direction des Affaires étrangères, par contre, en deux ans, de juillet 1929 à juin 1931, on compte quatre ministres de l'Intérieur et cinq ministres des Colonies. A la « Conférence impériale » de 1934, qui durera quatre mois, le ministre des Colonies Louis Rollin constatera en mettant fin aux réunions : « Les ministres passent, et c'est presque miracle que celui qui a ouvert vos travaux soit aussi celui qui les clôture. » Cette instabilité, qui n'était pas exceptionnelle, laissait la réalité du pouvoir à la bureaucratie d'autant plus que, le régime normal étant celui des décrets, elle préparait la majeure partie des textes et devenait la source véritable de la législation.

Le Parlement, en effet, légiférait peu en matière coloniale. Sauf pour les Antilles et la Réunion, le sénatus-consulte du 3 mai 1854 avait stipulé que les colonies seraient « régies par décret de l'Empereur jusqu'à ce qu'il ait été statué à leur égard par un sénatus-consulte »... qui n'intervint jamais et ainsi ce régime provisoire se prolongea jusqu'en 1946. En réalité, comme on admettait que le Parlement avait qualité pour intervenir en toutes matières, il pouvait manifester sa volonté et le faisait parfois, notamment pour l'Algérie, mais les affaires coloniales n'intéressaient guère les élus de la métropole qui s'en déchargeaient sur les ministères et les représentants des colonies.

Ceux-ci n'étaient qu'une infime minorité, 19 sur 600 à la Chambre, 7 sur 300 au Sénat, désignés par un corps électoral ne dépassant guère 400 000 individus et limité à certains territoires : anciennes colonies (Antilles, Guyane, Réunion, comptoirs de l'Inde), quatre communes du Sénégal (Saint-Louis, Gorée, Dakar, Rufisque), Algérie et Cochinchine (pour les seuls citoyens français). Les colonies n'ayant pas de parlementaires sont représentées au « Conseil supérieur des colonies » qui depuis une réorganisation récente comprenait des membres de droit, des membres élus par les citoyens français et des indigènes nommés par le ministre : simple chambre consultative rarement consultée.

L'esprit cartésien se satisfaisait ainsi d'un ensemble plutôt incohérent et illogique : la masse des indigènes n'envoyait aucun élu à Paris ; en revanche, dans les quatre communes privilégiées du Sénégal tous les habitants avaient la qualité de citoyens français, qu'ils fussent de statut coranique, s'ils étaient musulmans, ou coutumier s'ils étaient animistes, alors qu'en principe la citoyenneté est liée au Code civil ; quant aux parlementaires coloniaux, ils agissaient surtout dans les bureaux, faisant des lois pour la métropole qu'ils ne représentaient pas (on le fit bien voir à ceux d'Algérie en les rejetant du Parlement en 1962) et, par suite du régime des décrets, n'en faisant guère pour les colonies qu'ils représentaient.

Malgré une grande centralisation à Paris, l'impulsion décisive venait le plus souvent de *l'administration locale.*

Au sommet, les gouverneurs et parfois les gouverneurs généraux dont certains à la tête de fédérations régionales (Indochine, Afrique occidentale française, Afrique équatoriale française). Ils étaient les dépositaires des pouvoirs de la République dont ils promulguaient les lois et décrets, servant d'intermédiaires entre les colonies et la métropole, dirigeant les services communs lorsqu'il s'agissait de fédérations. Au-dessous des gouverneurs généraux et des gouverneurs intervenaient les administrateurs, ces « vrais chefs de l'Empire » (R. Delavignette), héritiers de l'administration militaire, ayant encore des pouvoirs de police et chargés, avec des moyens très réduits, des besognes les plus variées relevant aussi bien de l'administration classique ou de la justice que de l'agriculture ou des travaux publics. Souvent passionnés pour leur tâche, ces « broussards », dont beaucoup sont issus de l'Ecole coloniale, se substituent presque partout aux chefs traditionnels ou tout au moins les contrôlent étroitement. *Nolens, volens,* l'administration directe progresse aux dépens des anciennes chefferies.

Quelle était, dans cette organisation, la place du système représentatif ? Très limitée car il fallait surmonter deux difficultés : d'une part éviter de voir l'autorité tomber aux mains des indigènes au détriment de la souveraineté française, d'autre part « donner des institutions représentatives aux colons tout en gardant les moyens de protéger contre eux les indigènes » (P. Bourde). Faute d'avoir trouvé une solution unique, on avait adopté des statuts différents suivant les territoires.

Les « vieilles colonies » (Martinique, Guadeloupe, Guyane, Réunion, comptoirs de l'Inde) avaient subi un régime d'assimilation particulièrement poussé. Traitées de plus en plus comme des départements français, elles étaient dotées de conseils généraux élus avec toutefois, au lieu d'un préfet, un gouverneur à l'autorité plus étendue et assisté d'un Conseil privé composé de chefs de service et de caractère consultatif.

L'Algérie constituait « politiquement une curiosité » (J. Chastenet). Il existait d'abord deux Algéries, l'une du Nord divisée en départements et soumise au régime civil, l'autre du Sud formée de quatre « territoires » sahariens et toujours sous l'autorité des militaires. L'une et l'autre dépendaient d'un même gouverneur général assisté pour la première, de beaucoup la plus importante, de deux assemblées : le Conseil supérieur (membres de droit et délégués élus), consulté sur toutes les questions relatives à l'administration ; les Délégations financières, représentation d'intérêts, formées de trois collèges (24 délégués colons, 24 non colons et 21 indigènes musulmans) et chargées essentiellement de voter le budget sous le contrôle du gouvernement et du Parlement. La division administrative rappelait celle de la France métropolitaine avec préfets, conseils généraux élus (depuis 1919 les indigènes élisaient le quart de l'effectif), mais deux types de communes : les unes, dites de plein exercice, correspondant à celles de la métropole (avec un tiers de conseillers indigènes) et les autres, dites communes mixtes, sous la direction d'administrateurs, héritiers des bureaux arabes. Le 1er janvier 1928 avait disparu l'essentiel du code de l'indigénat qui allongeait la liste des infractions et faisait dépendre les sanctions non de tribunaux mais de fonctionnaires.

En Tunisie, depuis 1922, des conseils locaux (conseils de caïdats et conseils de régions) disposaient de certaines attributions économiques tandis qu'un Grand Conseil composé de deux sections, l'une française et l'autre indigène, avait le droit d'initiative et de critique en matière budgétaire, rappelant, avec moins d'autorité, les Délégations financières algériennes.

Au Maroc, où Lyautey avait essayé de sauvegarder l'esprit du protectorat, le contrôle devient de plus en plus étroit après lui et le Conseil de Gouvernement (une section française et une marocaine), au caractère consultatif, ne joue qu'un rôle insignifiant. L'autorité réelle appartient au résident qui peut prendre les décisions les plus graves : en 1927, à la mort du sultan Moulay Youssef, le résident Steeg décide souverainement d'écarter les deux fils aînés et jette son choix sur le plus jeune, Sidi Mohammed (le futur Mohammed V) qui « vivait à l'écart en Cendrillon, dans un coin du palais... en sa qualité de jeune frère sans avenir » (R. Montagne).

En Afrique noire existent des Conseils, d'une part dans chaque colonie et, d'autre part, auprès de chacun des deux gouverneurs généraux, et, en A.O.F. tout au moins, la représentation indigène est appréciable, mais il s'agit d'assemblées purement consultatives se réunissant rarement. Depuis 1924, Madagascar dispose de Délégations économiques et financières (une section française et une malgache) donnant obligatoirement leur avis en ce qui concerne le budget et les travaux publics.

En 1928 l'Indochine a été pourvue d'un « Grand Conseil des intérêts économiques et financiers » à deux sections, l'une française et l'autre indigène, rappelant lui aussi les Délégations financières d'Algérie avec rôle consultatif sur toutes les questions financières et économiques et droit de décision en matière d'impôts. A l'échelon régional la création d'assemblées indigènes avec délégués élus semble marquer une évolution libérale d'autant plus qu'à partir de 1926 les emplois de gestion dans l'administration sont ouverts au même titre aux Européens et aux Vietnamiens naturalisés ou non. Cependant l'autorité du gouverneur reste entière, supérieure même à certains égards à celle des autres gouverneurs généraux et à son endroit on a parlé de vice-royauté.

On mettra à part les mandats accordés à la France par la Société des Nations après la première guerre mondiale et portant sur la majeure partie du Cameroun et du Togo (anciennes colonies allemandes), sur la Syrie et le Liban (anciens territoires de l'Empire turc). Ces deux derniers territoires appartenant au type de mandats A devaient être conduits rapidement vers l'autonomie. Théoriquement la S.D.N. exerçait des fonctions de tutelle, mais en réalité la France agissait librement comme le prouve la dénomination d'« Etablissements français du Levant » donnée d'abord aux nouvelles « possessions » placées sous l'autorité d'un haut-commissaire. Curieusement, à propos de cette formule des mandats on parle de « néo-colonialisme », mais dans un sens favorable, très différent de celui qui sera adopté plus tard.

Ainsi malgré quelques réformes accomplies dans les dernières années, la sujétion à l'égard de la métropole était quasi totale et on pouvait penser que les revendications porteraient sur des points précis : élargissement du corps électoral indigène, accroissement de la représentation indigène dans toutes les assemblées, droit de décision accordé à ces assemblées, représentation des indigènes à Paris. On pouvait imaginer aussi que le gouvernement français céderait progressivement et que s'accomplirait à long terme une évolution inévitable. Les événements en décideront autrement.

3. **Les structures économiques.** — Elles aussi ont peu varié depuis le début du siècle et on n'envisage guère leur transformation, peut-être parce que la

façade ne manque pas d'une réelle grandeur. Avec raison, on loue les merveilleuses réalisations de la technique française que nous ne pouvons, ici, énumérer. Les *apparences* sont favorables à la colonisation qui construit, fait lever la prospérité et souvent conquiert ceux qui s'y plongent : vivant à Alger à cette époque, Henry de Montherlant affirme qu' « il y a encore des paradis » (c'est le titre de son livre). Vérité communément admise et qui le restera longtemps : pour les pays colonisateurs et notamment pour la France, « la fin de leur activité coloniale serait la consécration la plus éclatante de la déchéance de l'Europe » (Ch. Robequain). A droite et à gauche on considère les colonies comme une source de grandes richesses soit pour s'en louer, soit pour condamner « l'exploitation coloniale » pratiquée par les capitalistes. *L'Homme libre* exprime une opinion répandue lorsqu'il écrit : « A une époque où l'économique prime de plus en plus le politique, on a raison de croire que la mise en valeur de nos possessions d'outre-mer apportera une sérieuse amélioration au sort de la collectivité. »

Si elle était mieux connue, la *réalité* ferait cependant naître des inquiétudes. Les richesses de l'Empire sont surestimées ou demeurent, souvent, à l'état de virtualités. En Afrique du Nord, partie relativement favorisée du domaine colonial, le produit global par tête a beaucoup augmenté en dix ans, mais il est inutile de reproduire des moyennes qui ont peu de sens à cause des déséquilibres qui dominent toute l'activité économique, comme d'ailleurs en Afrique noire ou en Indochine. Déséquilibre entre les formes d'activité d'abord : partout, et de loin, l'agriculture impose sa prépondérance et l'industrie fait petite figure, non seulement celle de transformation, mais aussi l'exploitation minière et plus d'une fois la publicité n'a lancé que des « mines de papier ». On trouve l'explication de ce développement très insuffisant, soit dans les facteurs naturels ou humains défavorables, soit dans l'hostilité de la métropole qu'exprime, en 1923, ce président d'une commission de la Chambre, proclamant du haut de la tribune : « Il est entendu que, sous aucun prétexte, un pays de protectorat ou une colonie ne peut faire concurrence à la production française au point de pouvoir l'entamer et peut-être la ruiner. » Grand producteur d'arachides, le Sénégal continuera donc à acheter en France son huile d'arachide. Non moins sensible, le déséquilibre entre le groupe européen et le groupe indigène, le premier, beaucoup moins nombreux, détenant la majeure partie des richesses : d'où des plans de clivage ethniques qui paraîtront plus tard les plus importants mais qui, pour lors, sont masqués par les oppositions de classes, possédants européens et indigènes se rapprochant dans les assemblées locales. Autre déséquilibre, en effet, celui qui existe à l'intérieur de chaque communauté et il n'est pas moins accentué chez les Européens que chez les Indigènes à cause notamment de l'implantation de puissants groupes financiers aux moyens sans commune mesure avec ceux du pionnier de l' « épopée coloniale » : en Cochinchine, les « planteurs du dimanche » ont perdu pied devant de grandes sociétés qui ont étendu leur action au Cambodge et dont les trois plus importantes réunissent environ la moitié de la surface plantée ; ailleurs, ce sont les forêts (au Gabon plusieurs sociétés ont entre 30 000 et 50 000 ha et deux plus de 50 000) ou les mines (or en A.E.F., phosphates et fer en Afrique du Nord, charbonnages au Tonkin, nickel en Nouvelle-Calédonie) qui ont provoqué la concentration capitaliste.

Celle-ci est évidemment française car la métropole tient à s'assurer la *subordination* du domaine colonial. A quelques exceptions près, et grâce à une législation appropriée, les capitaux étrangers sont écartés ce qui ne signifie pas cependant que dans ce domaine réservé les capitaux français se soient précipités : 4 milliards de francs-or en 1914 et 17,5 en 1940 contre une masse à peu près stable d'une quarantaine de milliards à l'étranger (1). La législation commerciale achève d'affermir le contrôle : la loi douanière de 1928, qualifiée de « charte », accorde quelques mesures de soutien aux colonies, mais corrige le régime de 1892 en faisant profiter d'une préférence douanière les exportations de la France afin de « contraindre l'économie coloniale à se développer dans le système des prix métropolitains » (M. Guernier). C'est que le marché colonial apparaît comme une source importante de profits et, au socialiste Sixte-Quenin (un des rares parlementaires à douter de la rentabilité de la colonisation) qui déclare en 1930 : « L'Algérie elle-même figure au budget pour 773 millions », le député d'Oran Roux-Freissineng rétorque : « Mais elle achète quatre milliards de produits français. » Si ce critère est valable pour montrer la force des liens économiques, il permet aussi d'affirmer que ceux-ci sont bien lâches entre les différentes parties de l'Empire puisque leurs échanges mutuels ne dépassent guère 10 % du trafic total du domaine colonial. On ne s'était jamais soucié d'une coordination générale et bientôt, lorsque la crise surviendra, Albert Sarraut évoquera « les contradictions, les illogismes et l'ordre dispersé d'un vaste effort

(1) Le nombre de 4 milliards en 1914 a été porté à 6,5 milliards par J. Marseille en y ajoutant les capitaux placés par les entreprises non cotées en bourse.

que la métropole tutélaire n'a su ni orienter ni discipliner quand il en était temps » et ainsi « l'entreprise coloniale conduit sans boussole le processus de sa production et de ses échanges ». La conséquence, on la devine : elle dépasse largement la simple déperdition de forces pour atteindre la structure impériale elle-même car le sens de l'intérêt commun n'avait pu naître entre des territoires que seuls les hasards de l'Histoire avaient rapprochés.

II. — Les acteurs

1. **Le métropolitain.** — Il joue le rôle primordial car de lui dépendent toutes les décisions importantes. De plus il détient l'essentiel de la *richesse* et, avec d'abondantes réserves d'or, la France, qui n'est pas encore réellement touchée par la crise, fait figure de grande puissance financière : les journaux américains parlent même de la *French financial supremacy*.

Un gros point noir cependant . *l'évolution démographique*. La France a conquis son empire alors que l'accroissement de sa population s'affaissait. Maintenant elle atteint le creux de la vague avec, en 1931, une population de 41 835 000 habitants dont 2 715 000 étrangers et 361 000 naturalisés : sans cet apport d'immigrants, unique en Europe, on assisterait à une stagnation sinon à une régression, car la mortalité égale presque la natalité et bientôt, de 1934 à 1939, la dépassera. Le second empire colonial du monde est tenu par un peuple qui perd sa vitalité.

Et ce peuple n'a *pas de conscience impériale véritable*. Il peut éprouver un sentiment de fierté en voyant le rose de ses possessions s'étendre sur une partie de la planisphère. Il pourra aussi accourir en foule aux cérémonies cocardières comme la fameuse revue du 14 juillet 1930 où défilèrent les troupes de l'armée d'Afrique reconstituée. Mais il s'agit alors de communion patriotique plus que de ferveur coloniale car le Français n'a pas l'impression que la France et l'Empire sont étroitement solidaires, encore moins qu'ils constituent un même monde, sans doute aussi parce que cela n'est pas.

Les *milieux dirigeants* reflètent évidemment l'opinion de la masse électorale. On parle volontiers de la « mission civilisatrice » ou de la « politique de civilisation... qui justifie la primauté de notre situation » (F. Malet). A certains moments de crise ou d'euphorie, le thème colonial semble envahir l'horizon politique : lors de la guerre du Rif en 1925, le président du Conseil Paul Painlevé (républicain socialiste) lance un appel à l'union nationale car « il s'agit de la lutte de la civilisation de l'Europe occidentale contre une tentative pour l'écraser » ; en 1930, pendant plusieurs semaines, par suite du centenaire de la prise d'Alger notamment, les affaires coloniales sont à l'honneur et, à la fin de l'année, on voit même un président du Conseil, Théodore Steeg (gauche démocratique), assurer le ministère des Colonies, mais il ne durera qu'un peu plus d'un mois. Souvent ce sont des hommes de gauche dont le libéralisme ne peut être suspecté, comme Painlevé ou Albert Sarraut, qui se font les défenseurs d'un véritable humanisme colonial, insistant sur les « obligations morales » des colonisateurs « agents de la civilisation ». Chez certains reste bien vivace le vieil idéal assimilateur : pour *Le Populaire*, organe du Parti Socialiste, « c'est par le savoir, l'éducation, la reconnaissance et le respect de leurs droits civils et politiques que (les indigènes) grandiront en dignité, préparés ainsi à prendre définitivement leur place au foyer de la communauté française » et pour *Le Peuple*, quotidien du syndicalisme : « Il s'agit de faire entrer dans la famille nationale des enfants adoptifs qui, peu à peu, y trouveront mêmes droits et mêmes avantages que les natifs. Une colonie n'a de raison d'être que si elle est la métropole prolongée, transportée sur un terrain où elle sait se faire accueillir et aimer. »

L'anticolonialisme déclaré est presque l'apanage du Parti Communiste qui a soutenu ouvertement Abd el-Krim et déclaré, à la Chambre, par la voix de son porte-parole Jacques Doriot, que si les communistes étaient au pouvoir, ils abandonneraient toutes les colonies de la France. Mais le P.C. est accusé d'obéir aux ordres de Moscou et son audience reste limitée (moins de 9 % des voix des votants en 1932). Cependant l'idée anticolonialiste chemine dans certains esprits avec le soutien d'une littérature dont quelques titres furent de grands succès. Pour l'Afrique noire, après *Batouala* de René Maran, décrivant la condition des Noirs du Congo, c'est le *Voyage au Congo* d'André Gide (1927) dont certaines pages sont un réquisitoire contre les grandes compagnies commerciales, et *Terre d'ébène* d'Albert Londres (1929), dénonçant notamment le drame de la construction du Congo-Océan. Sur l'Indochine, après *Les Forceries humaines* de Georges Garros (1925), critique virulente de la colonisation aboutissant à proposer l'autonomie politique, paraissent *Français et Annamites* de Paul Monet (1928), présentant un tableau complet de la situation et réclamant l'exécution d'un plan libéral et généreux, puis l'enquête de Louis Roubaud, *Viet-nam. La tragédie indochinoise* (1931) et celle, plus percutante, d'Andrée Viollis, *Indochine S.O.S.* (1935). L'anticolonialisme a ainsi des résonances sentimentales qui ne peuvent aboutir qu'à la condamnation du colonial et à la défense de l'indigène.

2. Le colonial. — Numériquement, il paraît écrasé entre la masse métropolitaine et la masse indigène. On ne s'étonnera pas, en effet, d'apprendre que le nombre de Français hors de France en 1931 est seulement de 1 676 000 avec une croissance lente (1 414 000 en 1912). Sur ce nombre la majeure partie vit aux colonies dont environ un million en Afrique du Nord.

A tous ces Français on peut trouver quelques *caractères communs*. D'abord un dynamisme, un goût de l'action, une ambition et une curiosité pour le monde qui ont joué un grand rôle dans la décision de s'expatrier lorsqu'il s'agit de la première génération. Dans les pays tropicaux, certains ont vu leur énergie s'affaisser et sont devenus des non-valeurs sinon des épaves. Il s'agit d'exceptions. Le plus souvent le colonial est fier d'agir et se veut un créateur. Il aime l'avenir pour reprendre une expression du résident Eirik Labonne. Il a le sentiment d'être plus libre et plus efficace qu'en France. D'où un certain complexe de supériorité, non seulement à l'égard de l'indigène, mais aussi du métropolitain. D'où aussi un attachement de plus en plus profond au pays qui l'a accueilli et une sorte de « chauvinisme colonial » : on se dit « Marocain », « Africain », « Indochinois » et en France on aime à se retrouver entre coloniaux ou à rencontrer des indigènes qu'on a connus chez eux. On dit d'ailleurs « chez nous » en parlant du Maroc ou de la Tunisie, *a fortiori* de l'Algérie, et loin des tropiques on peut éprouver « le mal du pays à rebours ».

Mais pour être plus exact il faudrait distinguer entre les différentes colonies et les diverses *catégories sociales*. Nous ne signalerons que ces dernières.

Les *militaires* ont longtemps constitué un monde à part, critiqué par les civils qui les accusaient même de fomenter des émeutes pour justifier leur présence ou obtenir de l'avancement. Dans l'armée, la Coloniale faisait figure de parente pauvre, pratiquant une guerre qui n'était pas « la vraie guerre ». Mais la conquête est terminée, l'Empire semble solide et le militaire devient un fonctionnaire comme les autres, à une exception près cependant, les officiers des « Affaires Indigènes » (les A.I.). Héritiers directs des Bureaux arabes, réputés pour avoir le « sens de l'indigène », en Algérie ils ne se sont maintenus que dans les Territoires du Sud, guidés d'Alger par une direction baptisée, si l'on peut dire, la *zaouïa* (établissement religieux) qui se tient alors dans un petit palais arabe, à l'ombre de la cathédrale. Surtout ils ont essaimé dans l'Empire et jouent un rôle de premier plan au Maroc où le service tout entier des A.I. forme une zaouïa, rappelant par ses activités multiples la « puissante confrérie » de l'Algérie impériale.

On reproche communément aux *fonctionnaires* d'être trop nombreux et cette critique, reprise à l'étranger et jusqu'à la désagrégation finale, n'est que partiellement justifiée. Certes, l'administration directe demande plus de personnel que l'*Indirect rule* à la manière anglaise, mais en réalité seule la population des grandes villes est suffisamment encadrée et, au moment des émeutes, on s'aperçoit combien les campagnes sont sous-administrées. Les chefs des grands services viennent de la métropole bien qu'en Afrique du Nord, et en Algérie surtout, on assiste progressivement à l'implantation de coloniaux à des postes de plus en plus importants ; tous d'ailleurs, métropolitains ou non, sont accusés d'avoir « l'esprit colon ».

Le colon, au sens exact du mot, c'est le terrien ; en réalité, en France, on étend volontiers le mot à l'ensemble de la population européenne tandis qu'aux colonies on le restreint souvent aux seuls grands propriétaires, ces « colons millionnaires » auxquels Lyautey, à Madagascar, aurait voulu qu'on fît uniquement appel car avec eux « on a le moins à craindre l'antinomie fatale entre colons et indigènes ». Mais presque partout le succès des cultures d'exportation (vigne, café, vanille, thé, caoutchouc) avait permis aux moyens et petits colons de devenir le nombre et il avait fallu s'attacher « à concilier des intérêts inconciliables ». Dans cette lutte pour le bien-être sinon pour la vie (en ce qui concerne l'indigène), le colon fait souvent preuve d'égoïsme et pour quelques-uns qui pratiquent le paternalisme, beaucoup « marchandent sou par sou la rémunération de leur main-d'œuvre ». En Afrique noire et en Indochine, l'exploitation des salariés avait parfois été poussée au-delà des limites humaines et si l'Organisation Internationale du Travail édicte en 1930 une réglementation du travail obligatoire, la France ne ratifiera la convention qu'en 1937, et il faudra attendre la Conférence de Brazzaville de 1944 pour entendre affirmer la supériorité de la liberté du travail et demander son rétablissement. On est donc bien loin de l'image d'Epinal « du bon blanc adoré des bons nègres dans l'ombre tiède des palmiers ».

On peut certes invoquer l'action de *l'Eglise* et, à côté de l'instituteur et du médecin notamment, le missionnaire a souvent accompli une œuvre considérable dans le domaine de l'éducation et de la santé publique. La presse de 1930, celle de droite évidemment, lui rend largement hommage. Seul de tous les quotidiens de Paris, *La Croix* signale qu'un moment avant son inauguration par les autorités laïques suivant un Président de la République radical, le monument élevé à Boufarik (près d'Alger) à la gloire de la colonisation, a été béni par Mgr Leynaud, archevêque d'Alger. Le temps est déjà loin où, dans un même traité, on imposait l'établissement d'une mission et la vente des eaux-de-vie, mêlant ainsi, comme on l'a dit, le spirituel et les spiritueux ; mais, pour l'Eglise, le moment n'est pas encore venu non plus de prendre ses distances à l'égard d'intérêts que le vent de l'Histoire n'a pas alors condamnés. Pour l'instant on reste au coude à coude, la Croix soutenant la colonisation, parfois discrètement, le plus souvent ouvertement, jusqu'au jour où il apparaîtra, suivant le mot d'un Hindou, que « l'influence de Jésus-Christ est neutralisée par son contrat avec l'Occident ».

Colonisation française sans doute, mais pour une bonne part aussi *européenne*. En Tunisie, c'est seulement en 1931 que l'élément français, numériquement, est devenu égal à l'élément italien et la cohésion de ce dernier jointe à la propagande fasciste pose un problème difficile à résoudre. Le cas cependant reste unique. En Algérie, la loi de naturalisation automatique de 1889 a considérablement réduit le nombre des étrangers qui ne sont plus que 148 000 pour 733 000 Français et *Le Sang des races* (roman de Louis Bertrand de 1899) s'est apaisé dans une assimilation dont le succès s'affirme tous les jours. Ailleurs, les nombres sont beaucoup plus faibles et même lorsque la proportion des étrangers est relativement forte (au Sénégal 5 000 pour 8 000 Français) il n'en résulte aucune difficulté sérieuse car partout le plan de clivage s'établit entre le colonial et le colonisé, entre l'Européen (ou ceux qui lui sont assimilés) et l'Indigène.

3. L'indigène. — Avec la colonisation il a vu fondre sur lui la trinité révolutionnaire la plus explosive que le monde ait engendrée en alliant l'Européen (ici le Français essentiellement), l'Argent (sous la forme de l'économie monétaire) et Dieu (avec les missionnaires).

D'où un *bouleversement* dont on peut seulement rappeler les grands traits. Après avoir marqué un recul, l'évolution démographique adoptait une allure de plus en plus ascendante au moment où la vitalité française faiblissait et on trouvait des esprits avertis, très rares il est vrai, pour sonner l'alarme et dénoncer : « Le Nombre — mot terrible, obsédant — dont tôt ou tard nous subirons la loi » *(Le Figaro)*. L'économie traditionnelle s'était maintenue dans de vastes secteurs, mais rarement sans modifications à cause de la nécessité de se procurer du numéraire (ne serait-ce que pour payer l'impôt) et par suite des sollicitations de l'économie d'échanges ; surtout était née une économie nouvelle (cultures riches, exploitation des mines, grand commerce) qui faisait l'orgueil du colonisateur et attirait la main-d'œuvre indigène déracinée. Partout, plus ou moins rapidement, l'ancienne société était ébranlée tandis qu'une nouvelle se développait, avec une bourgeoisie d' « évolués » et un prolétariat de plus en plus nombreux qui s'entassait dans les grandes villes.

Il est impossible de porter un jugement d'ensemble sur l'évolution du *niveau de vie*, variable suivant les périodes, les colonies, les régions : faisant état de la diminution de la quantité de riz ou de blé par individu depuis 1900, on pourrait conclure à une régression, mais la consommation d'autres produits (sucre, thé, vêtements) avait souvent augmenté et quelle importance accorder par ailleurs, à un facteur comme la longévité ? A la veille de la grande crise mondiale on peut dire que, après les dures années de la guerre et de l'immédiat après-guerre, la tendance générale était à l'amélioration, mais que rien ne permettait de prévoir une évolution rapide dans des sociétés où le problème de l'emploi paraissait insoluble.

Quelles sont les *réactions* de la population indigène face à la colonisation ? Là aussi, il faut distinguer Certains notables dont les intérêts ont été sauvegardés ou accrus, manifestent leur reconnaissance par la flagornerie. Parmi ces bourgeois et ces aristocrates, il en est certainement de sincères lorsqu'ils adjurent « la France, dans sa haute conception de nation civilisatrice, de faire de nous de véritables Français, au même titre que ses enfants » (un délégué financier algérien). Mais combien auraient accepté de sacrifier sur l'autel de la nouvelle patrie leurs coutumes ancestrales et notamment leur statut personnel que le législateur français considérait comme incompatible avec la qualité de citoyen français ?

C'était, consciemment ou non, une manifestation de *résistance* qui puisait sa force essentiellement dans la religion, ici l'Islam, ailleurs, à un moindre degré, l'animisme. Mais d'autres *facteurs* intervenaient pour pousser le colonisé à faire obstacle à l'action du colonisateur. Il y avait d'abord les principes mêmes de ce dernier : « Ce n'est pas impunément qu'on a lancé à travers le monde les formules du droit des peuples à disposer d'eux-mêmes et les idées d'émancipation et d'évolution dans le sens révolutionnaire » (Lyautey). Il y avait aussi un traumatisme psychologique causé chez de nombreux colonisés non seulement par le comportement de certains « colons », mais plus encore par les séquelles du code de l'indigénat et les mesquineries d'une administration qui multipliait, par exemple, les entraves en matière de naturalisation, souvent par simple méfiance, parfois, comme à Madagascar, parce que « la naturalisation en masse aurait signifié la fin des pressions administratives pour un travail plus ou moins forcé sur les plantations » (F. Koener). Venaient également, en bonne place, les ambitions, légitimes d'ailleurs, des « évolués » désirant accéder aux postes supérieurs de la fonction publique et pratiquer le régime capitaliste à leur profit, en évitant toute révolution sociale. Celle-ci n'était désirée que par le Parti Communiste, encore peu influent, mais dénoncé dès 1930 par G. Gautherot dans *Le bolchévisme aux colonies et l'impérialisme rouge*. Ne pas oublier enfin l'interdépendance des domaines coloniaux, « cette sorte de vase communicant colonial, avec la grande servitude des interférences qui en résultent » (A. Sarraut) et en vertu desquelles l'évolution amorcée dans l'Inde ou en Egypte ne pouvait rester sans répercussions dans l'Empire français.

Dans cet Empire à son apogée, la paix n'a pas réussi à s'imposer partout et on peut signaler diverses formes *d'agitation* et parfois des *révoltes* dont certaines de caractère nationaliste. Au Maroc, Abd el-Krim s'est rendu en 1926, mais la pacification ne sera achevée qu'en 1934 et, en 1930, le dahir qui reconnaissait les coutumes berbères en matière judiciaire provoque un vaste mouvement de résistance. En Syrie, après deux années de troubles (1925-1927), la situation reste confuse. En Afrique noire, de 1928 à 1931, la révolte sévit dans la région de la Haute-Sangha et de graves incidents eurent lieu à Brazzaville en 1930. Aussi, en 1930, eut lieu en Indochine, l'événement le plus sanglant : la révolte de Yen-Bay (au Tonkin), déclenchée par le Parti national vietnamien (dirigé par des éléments de la petite bourgeoisie), soutenu par des tirailleurs ; elle échoue mais soulève de grandes inquiétudes : la presse de droite y voit « les fruits de la propagande communiste », tandis que la presse de gauche dénonce les rigueurs de la répression, cela quelques semaines avant le début, en Algérie, des imposantes manifestations du Centenaire. La *pax gallica* n'était donc pas définitive ?

Chapitre II

L'EMPIRE ET LA CRISE MONDIALE

Au moment où la crise commence, en 1929-1930, la part des colonies dans le commerce de la France est de 16 %, mais la part relative de la France dans les échanges des colonies dépasse déjà 50 % avec des proportions parfois plus élevées : près de 60 % pour la Tunisie, les deux tiers pour l'Algérie, plus des trois quarts pour Madagascar. C'est donc la crise métropolitaine qui va imprimer son caractère à celle des colonies. En France la dépression s'amorce assez tardivement, en 1931, mais dure longtemps avec des esquisses de reprise suivies de rechutes au point qu'au printemps de 1938 l'indice de la production industrielle s'établit à 88 seulement (sur la base 1928 = 100). En somme, sept à huit années de marasme qui devaient peser lourdement sur l'économie de l'Empire et entraîner, directement ou non, des suites politiques.

I. — L'aspect économique et social

Il est évident que toutes les colonies ne sont pas également atteintes et que, dans une même colonie, la crise ne revêt pas un aspect uniforme. Les régions vivant en économie de subsistance échappent, plus ou moins complètement, à ce drame caractérisé essentiellement par la chute des prix, l'effondrement de la production industrielle, la mévente des produits agricoles, le recul des échanges extérieurs et, en conséquence, une agitation sociale traduisant le mécontentement et la misère.

1. **L'ampleur de la crise.** — Pour l'apprécier et, en même temps, dégager certains caractères, nous citerons quelques exemples locaux avant de signaler l'évolution du commerce des colonies avec la France.

En *Algérie* (et cela est également vrai pour la Tunisie et le Maroc), les colons subissaient le poids d'un endettement considérable : le seul crédit à court terme avait sextuplé de 1920 à 1933. Or on assiste à un véritable effondrement des cours : de 180 à 190 F le quintal en 1926, le blé tendre tombe en 1934 à 60-70 F, et parfois moins ; à Oran, de 1932 à 1934, le cours du vin rouge, qualité moyenne, passe de 13 à 15 F le degré à environ 5 F ; les cours des olives pour l'huile descendent, en 1933, au-dessous du prix de revient ; les produits de cueillette sont également atteints et le liège se vend 81 F le quintal au lieu de 230 F de 1925 à 1930. C'est la ruine pour les producteurs qui vivent de la vente et dont certains abandonnent au profit d'autres plus avantagés.

Partie du Constantinois, où le blé était tombé à 35 F le quintal, l'agitation se développe rapidement. Un Front Paysan se constitue en 1935 ; il se réclame de Dorgères tout en trouvant les métropolitains quelque peu timorés. En Algérie, le ton des manifestations atteint, en effet, une violence inouïe. A Marengo (Mitidja), un conseiller général clôture la séance par : « Adhérez au Front Paysan, mais sachez qu'en signant l'adhésion vous signez un ordre de mobilisation, un ordre de combat. »

Comme les indigènes se mêlent aux manifestations et qu'on leur parle en arabe, on assiste à un réel affaiblissement de l'autorité publique pouvant aller jusqu'au refus de payer l'impôt et à des voies de fait contre un administrateur. Le climat devenait révolutionnaire.

En *Afrique noire* la chute des prix est peut-être moins spectaculaire, mais supérieure cependant à celle qu'on enregistre sur les cours mondiaux, avec des baisses variant, selon les produits, de 58 % à 73 % entre 1929 et 1933. D'où de nombreuses faillites dont profitent parfois les grosses maisons. Celles-ci cependant n'échappent pas au marasme et certaines doivent liquider leurs filiales. En 1931, deux grandes banques (la Banque française de l'Afrique et la Banque commerciale africaine) cessent leurs paiements et celles qui se maintiennent réduisent leur capital. La circulation fiduciaire minimum tombe de 174 millions en 1926 à 43 en 1932. Plus encore que les autres colonies, l'A.O.F. et l'A.E.F. sont écrasées par le service des emprunts qui, en 1937, représentera 29,7 % du budget pour la première et 40,6 pour la seconde.

D'où de graves conséquences sociales. De nombreux planteurs européens abandonnent, notamment au Cameroun dans la culture du cacao. C'est la misère pour les colons, mais aussi pour les indigènes dont les rémunérations deviennent dérisoires : alors qu'en 1913 avec 100 kg d'arachides récoltées, le paysan pouvait acheter 100 kg de riz, il en achète maintenant moins de 43 kg. On côtoie la famine et cela explique qu'on assiste à un renouveau de l'esclavage sous la forme de la mise en gage des enfants dont on cite des exemples au Fouta-Djalon, au Soudan, au Dahomey.

A Madagascar, si le café se vend toujours bien dans la métropole (qui veut éviter des sorties de devises fortes), en revanche, des produits comme le riz, le manioc, la vanille, ne trouvent plus preneur sur le marché français. Là aussi baisse des cours et misère. La circulation fiduciaire diminue d'un tiers, le budget d'un quart. On enregistre de nombreuses faillites et, fait symptomatique, des Chinois s'en vont. Dans le Sud, la détresse est particulièrement grande sans qu'on puisse l'attribuer à la crise : les bœufs meurent de faim et de soif par suite de la disparition des figuiers de Barbarie dont ils se nourrissaient et que détruit une cochenille.

La belle prospérité de l'*Indochine* s'évanouit à son tour avec la chute catastrophique des cours du riz (de 16,10 piastres les 100 kg en 1930 à 3,20 en 1933) et du caoutchouc (de 22 F à 4 F le kg entre 1929 et 1931). La valeur de la production minière diminue environ de moitié de 1929 à 1934. Les banques refusant le crédit, il s'ensuit de nombreuses ruines. Le budget, orgueil de la colonie (il avait triplé, en monnaie constante, de 1914 à 1930 et 19 % en avaient été consacrés aux dépenses incombant à la métropole) est en déficit ; la quantité de monnaie en circulation diminue d'environ 35 % et le commerce extérieur n'est plus que de 2 milliards en 1933 contre 7 en 1926. D'où le même cortège de conséquences sociales. Le chômage sévit dans les villes et les plantations. Le revenu des paysans baisse en même temps que s'opère une concentration au profit des grosses entreprises, dans le caoutchouc notamment où disparaissent les petits planteurs vietnamiens qui s'étaient lancés dans l'hévéaculture quelques années auparavant.

Quelles étaient les répercussions de la crise dans les relations économiques de l'Empire avec la France ? Les chiffres du *commerce extérieur* (exprimés en millions de francs) sont très explicites.

	Importations		*Exportations*	
	de l'étranger	*de l'Empire*	*vers l'étranger*	*vers l'Empire*
1927	46 991	6 058	47 208	8 324
1928	46 551	7 093	42 700	9 303
1929	51 211	7 009	40 690	9 449
1930	45 980	6 530	33 984	8 851
1931	36 033	6 172	23 274	7 162
1932	23 585	6 223	13 501	6 205
1933	21 700	6 730	12 485	6 989
1934	17 253	5 844	12 336	5 514
1935	15 562	5 383	10 583	4 890

d'après M. Guernier.

Si on note une baisse dans le commerce colonial, ce n'est qu'un fléchissement à côté de l'effondrement des transactions avec l'étranger. De 1927 à 1935 l'importance relative du commerce colonial a plus que doublé et il représente alors plus du quart du commerce extérieur français pour les importations et près du tiers pour les exportations (contre respectivement 10,95 % et 12,81 % pour la période 1909-1913). Avec une population de sept millions d'habitants, dont la plupart ont un faible pouvoir d'achat, l'Algérie est devenue le premier client et le premier fournisseur de la France. Sur le total des marchandises exportées de France en 1935, l'Empire reçoit 41,5 % des machines motrices et pièces détachées ; 42,2 % de la lingerie et des vêtements : 44,7 % des parfums et savons ; 45 % des automobiles ; 51,5 % des outils et ouvrages en métaux ; 84,4 % des tissus de coton. Faute de trouver d'autres placements les puissances financières investissent dans les colonies et l'Etat s'intéresse de plus en plus au redressement économique de chacune d'elles en même temps que, pour la première fois, il essaye de jeter les bases d'une véritable politique impériale.

2. Les mesures locales de redressement. — Pour être variables d'une colonie à l'autre, ces mesures ne sont pas anarchiques, car l'Etat intervient systématiquement et partout favorise l'instauration d'un véritable dirigisme. Citons quelques exemples.

En *Algérie*, l'action porte sur le crédit avec la réorganisation du Crédit Agricole Mutuel et la création, en 1935, d'une Caisse des Prêts Agricoles disposant d'un gros capital et accordant des prêts individuels. Comme cela ne suffit pas, l'administration est amenée à pratiquer de nombreux séquestres. Plus encore, on s'efforce de revaloriser les produits agricoles. Pour les céréales, outre le relèvement des droits de douane en 1932, on multiplie les mesures : limitation des emblavures, blocage, achats de l'Etat, primes à l'exportation, dénaturation, distributions aux nécessiteux, et surtout, création, en 1936, de l'Office du Blé qui stabilise les cours à un niveau convenable. Pour le vin, on déplore que dans nos colonies l'indigène soit un si médiocre consommateur de vin (0,4 l par individu et par an contre 2,7 dans les colonies italiennes et 7,4 dans les colonies espagnoles !) et on préconise l'arrêt des plantations, l'arrachage, le blocage, la distillation (l'alcool étant acheté par l'Etat), la fixation d'un degré minimal.

Des mesures de même inspiration sont prises en *Tunisie* et au *Maroc*. Dans ce dernier pays la situation était aggravée par les dispositions de l'acte d'Algésiras (1906) qui avaient établi le régime de la « porte ouverte ». On dut bousculer la législation internationale en interdisant aux navires japonais de débarquer leurs cargaisons de babouches (chaussures indigènes) qui ruinaient l'artisanat local.

En Afrique noire, l'Etat se préoccupe d'étendre

les Sociétés Indigènes de Prévoyance, ou S.I.P. (en 1934 on en comptera 15 au Sénégal et 102 dans l'ensemble de l'A.O.F.), qui obtiennent le droit de vendre les produits de leurs adhérents afin de lutter contre la spéculation. Les produits essentiels (arachides, caoutchouc, café, sisal, manioc, bananes, ananas) bénéficient d'une politique systématique de soutien grâce notamment à la création de caisses de compensation alimentées par une taxe spéciale perçue à l'entrée en France et permettant de verser des primes aux exportateurs.

A *Madagascar*, sous le nom « d'économie organisée », le dirigisme se manifeste diversement : création d'un Office du Riz qui unit les producteurs, les importateurs et l'administration ; politique de grands travaux portant sur la voie ferrée, les ports, l'urbanisme ; revalorisation des produits locaux par la standardisation ; primes à l'exportation et organisation du crédit, de la mutualité et de la coopération agricoles.

En *Indochine*, les mesures portent essentiellement sur le riz et le caoutchouc. Des crédits importants sont consentis aux riziculteurs endettés en même temps que les hévéaculteurs recevaient une aide sous forme d'avances, de réductions d'impôts et de primes provenant, en partie, d'une taxe instituée sur l'entrée en France des caoutchoucs étrangers et dont le produit était reversé aux planteurs du Viêt-nam. Là aussi, grâce aux emprunts, on pratique une politique de grands travaux et en particulier, on achève le transindochinois. Pour assurer plus de régularité aux échanges avec la France le taux de la piastre, jusque-là indépendant du franc, est fixé à 10 F environ.

Les *résultats* varient d'une colonie à l'autre. Dès 1933-1934, la reprise se manifeste en Indochine.

En A.O.F. le relèvement est irrégulier, une « petite crise » venant l'interrompre en 1937-1938. L'économie maghrébine se redresse dès 1935 quoique dans plusieurs secteurs la situation ne sera pas complètement rétablie en 1939. Mais il faut souligner que la crise n'a pas modifié fondamentalement les structures économiques coloniales, malgré l'intervention de plus en plus poussée de l'Etat : l'industrialisation reste embryonnaire, concurrencée, par l'industrie métropolitaine existante. Dans ces conditions, les liens économiques entre l'Empire et la France pouvaient se renforcer, mais il paraissait difficile qu'un véritable « esprit impérial » pût naître de la nouvelle politique.

3. **La politique impériale.** — A vrai dire, les premières tentatives en vue de créer des organismes impériaux sont antérieures à la crise et on peut en voir les prémices dans les *Conférences nord-africaines* qui, à partir de 1923, réunissent le Gouverneur de l'Algérie et les Résidents du Maroc et de la Tunisie (on y invitera même parfois le représentant de l'A.O.F.). Limitées d'abord aux questions de frontières et de sécurité, elles s'intéressent de plus en plus à la politique indigène et surtout aux questions économiques, apportant une appréciable contribution à la lutte contre la crise.

Elles disparaissent après 1933 ou plutôt se transforment en s'élargissant car, en février 1935, est créé le *Haut Comité Méditerranéen et de l'Afrique du Nord*, qui « connaît de toutes les questions communes à l'Algérie, à la Tunisie, au Maroc, aux Etats du Levant sous mandat français ainsi que les questions qui peuvent se poser dans les rapports desdits territoires soit entre eux, soit avec la métropole ». Siégeant tous les ans, il réunit pour la première fois, avec le président du Conseil, quatre ministres (Affaires étrangères, Intérieur, Guerre, Colonies), le gouverneur général de l'Algérie, les résidents généraux du Maroc et de Tunisie, le haut-commissaire en Syrie et au Liban. Réorganisé en 1936 par Léon Blum et pourvu d'un secrétariat général permanent très actif, le Haut Comité fonctionna efficacement jusqu'à la guerre, mais disparut ensuite.

Cette double tentative de coordination dans les affaires coloniales ne concernait qu'une partie des territoires d'outre-mer et il n'y avait là rien de comparable aux conférences impériales qui depuis 1887 constituaient les assises périodiques de l'Empire britannique avec pour aboutissement la fameuse Conférence d'Ottawa de 1932 qui devait s'efforcer d'organiser le système de la préférence impériale. En France, en 1931, à la faveur de l'*Exposition Coloniale de Vincennes*, et au cours des nombreux congrès et manifestations qui l'accompagnèrent, les délégués coloniaux s'étaient rencontrés pour la première fois et avaient pris contact avec les représentants des forces économiques métropolitaines. En 1933 se tient la *Conférence du Commerce Colonial* et en 1934 se réunissent les *Journées franco-coloniales* de la Société des Agriculteurs de France. Mais alors il est surtout question de la réunion prochaine d'un grand congrès économique impérial.

Ce sera la *Conférence économique de la France métropolitaine et d'outre-mer* (3 décembre 1934-13 avril 1935) qualifiée parfois de « Conférence impériale ». Constatant qu'il manque à la « France totale » la puissante cohésion de la solidarité économique, elle se propose de créer « un ordre franco-colonial nouveau, une structure de l'Empire français ». Mais elle s'ouvre sous le signe de l'ambiguïté :

alors que dans son discours le président de la République Albert Lebrun, tout en mettant au premier plan les intérêts de la métropole, souhaite ne pas « retomber dans les erreurs périmées du pacte colonial », le ministre des Colonies Louis Rollin, qui lui succède, déclare : « Ce ne serait pas la liberté organisée mais l'incohérence et le désordre si, là où elles n'existent pas, nous permettions ou favorisions des productions concurrentes de celles de la métropole, sous peine de créer une fois de plus de redoutables conflits qui risquent parfois de glisser du plan économique sur le plan politique. » Parmi les trois à quatre cents délégués qui assistent aux réunions générales on remarque certes « des chefs et notables indigènes venus de nos possessions les plus lointaines et que nous avons été heureux d'honorer et de fêter », mais dans la centaine de membres des diverses commissions pas un seul nom qui ne soit du terroir métropolitain et dans les cent vingt-cinq « organismes officiels et privés » qui participent à la Conférence, les « notables indigènes » constituent une simple unité comme Air-France, le Touring-Club ou l'Union Ovine.

La Conférence réalise un travail considérable sous forme de rapports abordant tous les problèmes économiques et parfois sociaux (telles l'assistance médicale et la médecine sociale) en préconisant des solutions appropriées. Elle prétend même devenir une institution impériale et peu après sa clôture sera créé un bureau permanent pour suivre la destinée des projets laborieusement préparés. Cependant, avant que n'éclate la guerre, les résultats pratiques seront minces faute de temps et, plus encore, à cause du manque de coopération entre les différents services dont certains avaient manifesté leur hostilité au cours même de la Conférence.

Le président Albert Sarraut, alors l'homme politique le mieux informé des questions coloniales, le signalait dans son discours de la séance de clôture et il s'élevait avec force contre la politique d'indifférence à l'égard des problèmes d'outre-mer :

« La métropole, en thèse générale, et sauf de rares exceptions, laisse à ses colonies le soin de se tirer d'affaires elles-mêmes, de se créer des facultés d'action, de pourvoir seules, par leur fiscalité ou leurs emprunts, aux frais de leur croissance économique, de leur outillage, de leur mise en valeur ; elle les couvre de sa force militaire, mais ne les seconde pas de son appui budgétaire ; elle se satisfait à cet égard de leur avoir donné à boire dans le verre vide de l'autonomie financière ; elle n'oublie certes pas, suivant un penchant qui lui est trop familier, d'imposer sans délai à ses filles coloniales l'onéreux train de maison d'une administration surabondante ; mais elle oublie de les doter en retour des premiers fonds de leur établissement. Elle néglige par ailleurs les diffusions d'une propagande qui instruirait l'acheteur français, industriel, commerçant ou simple consommateur, des possibilités d'appeler de son propre domaine des marchandises, denrées ou matières pour lesquelles il paie chaque année un tribut formidable à l'étranger. Elle néglige également, dans les traités de commerce qu'elle négocie avec d'autres nations, d'inclure les sauvegardes du produit colonial ; et lorsque ce dernier se présente au seuil même du marché français, il se heurte, durant un long temps, à des accueils douaniers et fiscaux que ne réchauffent pas précisément les effusions de l'esprit de famille.

« En bref l'histoire coloniale d'hier, en matière économique, elle est ce que nos amis anglais appellent le régime du *self-supporting*. Traduction : « Aide-toi toi-même ; le ciel n'a pas le loisir de t'aider. » »

Et Albert Sarraut adjurait le ministre des Colonies de faire en sorte « que les décisions de la Conférence ne deviennent pas, dans le cercueil des cartons verts, des espérances inanimées », prophétisant pour conclure : « Si la métropole ne comprenait pas à la fois son devoir et son intérêt, qui sont de faire de l'économie impériale une réalité vivante, un jour peut-être pourrait venir où la désaffection des races que nous avons en tutelle, remplaçant dans les cœurs simples l'amour fidèle de la Mère-Patrie, offrirait un redoutable encouragement aux calculs de nations plus entreprenantes et plus résolues à l'action, dans les immenses territoires présentés à leurs convoitises comme une proie tentante et facile. » Craintes justifiées, car en quelques années le climat politique avait beaucoup évolué dans le monde colonial français et cette évolution allait se précipitant.

II. — L'aspect politique

Président du Conseil de janvier à juin 1936, Albert Sarraut cède la place au Front Populaire conduit par Léon Blum dont l'accession au pouvoir est une conséquence directe de la crise et qui, avec des libéraux comme Marius Moutet (aux Colonies) et Maurice Viollette (ancien gouverneur général de l'Algérie, ministre d'Etat), essaye de pratiquer une politique coloniale nouvelle, tenant compte de l'évolution survenue dans chaque territoire.

1. **Le problème syrien.** — Le mandat faisait obligation à la France de pourvoir d'une constitution les territoires contrôlés. Le Liban eut la sienne en 1926 et la Syrie en 1930 : dans les deux cas, c'était l'organisation d'une république parlementaire avec un président et deux Chambres. Mais pour empêcher l'opposition nationaliste de se manifester, la France imposa en réalité sa volonté, maintenant illégalement au pouvoir un président francophile au Liban (lequel légiférait par décrets sous l'approbation du haut-commissaire) et modifiant la constitution syrienne pour en écarter toute affirmation d'indépendance et sauvegarder les droits des minorités (les Druses et les Alaouites) qui obtenaient une certaine autonomie. S'efforçant de résoudre un problème complexe de nationalismes et de nationalités, la France avait échoué et l'opposition syrienne et libanaise trouvait un encouragement dans le traité anglo-irakien de 1930 (qui mettait fin au mandat anglais) et l'entrée de l'Irak à la S.D.N. en 1932. La situation demeure confuse et

agitée jusqu'à la déclaration du 1er mars 1936, faite par le haut-commissaire, sur ordre du gouvernement Sarraut, et promettant « la conclusion proche d'un traité, sur le modèle du traité anglo-irakien ».

Il appartiendra au Front Populaire de tenir cette promesse. Ce seront les accords Viénot (sous-secrétaire d'Etat aux Affaires étrangères) de septembre 1936 d'après lesquels la Syrie et le Liban recouvraient le libre fonctionnement de leurs constitutions et deviendraient des Etats indépendants après une période probatoire de trois ans. La France sauvegardait ses intérêts économiques et sa position culturelle. Une alliance militaire l'unissait aux deux Etats et elle obtenait l'utilisation de bases aériennes. Le problème paraissait momentanément résolu.

Les nationalismes, surtout celui de la France, vont transformer ce succès en échec. Au Liban et en Syrie des manifestations ont lieu car certains trouvent excessifs les avantages obtenus par la France, mais les Parlements ratifient les traités. En France, l'opposition s'élève de divers horizons et dans une situation internationale de plus en plus troublée, il semble bien que le poids de la stratégie et de la diplomatie ait été décisif : l'état-major craint un affaiblissement de ses positions et pour se concilier la Turquie on lui cède, à l'indignation des Syriens, le sandjak d'Alexandrette (23 juin 1939). Quand la guerre éclate, les accords ne sont pas ratifiés et la France a perdu dans le Levant tout le capital de confiance que lui avaient rapporté les accords de 1936.

2. **L'Afrique du Nord.** — Dans les trois pays l'avènement du Front Populaire fait naître de grands espoirs rapidement déçus.

En *Tunisie*, en 1934, s'était constitué, avec le Dr Materi et Habib Bourguiba, un parti de caractère moderniste, le Néo-Destour (destour = constitution), qui réclamait l'indépendance de la Tunisie en même temps que la Confédération Générale Tunisienne du Travail (C.G.T.T.) rassemblait les travailleurs musulmans. Contre l'agitation qui en résultait la résidence réagissait par la force. Le revirement s'esquisse avec le ministère Sarraut et s'affirme avec le ministère Blum. Mais l'opposition des Français de Tunisie, jointe à celle de l'armée et aux hésitations du gouvernement, fait échouer la nouvelle politique et tout semble compromis avec l'émeute du 9 avril 1938 à Tunis. Cependant, les revendications de la Chambre italienne réclamant la Tunisie (avec la Corse et Djibouti), en novembre 1938, ramènent le calme à la veille de la guerre.

Au *Maroc*, c'est également en 1934 que l'opposition s'organise en un Comité d'Action Marocaine qui présente un Plan de Réformes ne mentionnant pas l'indépendance mais demandant notamment l'application stricte du protectorat, certaines réformes sociales et la nationalisation des principaux moyens de production et d'échange. A l'époque du Front Populaire, le Comité d'Action s'organise en parti politique avec El-Ouezzani (de formation moderne) et Allal el-Fassi (de formation traditionnelle). Là aussi la déception suit rapidement l'espoir et de graves incidents amènent l'arrestation des leaders de l'opposition. Celle-ci cependant s'était déjà solidement implantée dans les villes si elle n'atteignait pas encore les masses rurales.

Plus encore qu'au Maroc, en *Algérie*, la masse de la population échappait à la vie politique que l'administration orientait à sa guise en s'appuyant sur les notables et les élus que leurs adversaires appelaient les « Beni Oui Oui ». Les partis politiques français avaient une audience très limitée. Les opposants indigènes, encore peu nombreux, se divisaient en trois tendances : l' « Etoile Nord-Africaine » de Messali Hadj, née en France publiquement en juin 1926, de caractère prolétarien et révolutionnaire, sans grande influence ; les « Evolués », organisés depuis 1927 en une « Fédération des Elus indigènes », qui restaient assimilationnistes au point que, en 1936, Ferhat Abbas niait encore l'existence de la nation algérienne et proclamait : « La France c'est moi » ; les « Ouléma » (réformistes musulmans) depuis 1931 groupés autour de Ben Badis qui, répondant à Ferhat Abbas, affirme l'existence d'une nation algérienne laquelle « n'est pas la France, ne peut être la France et ne veut pas être la France ». A tous, le Front Populaire propose une réforme (le projet Blum-Viollette) accordant le droit de vote aux élections législatives à quelque 25 000 Musulmans qui conservaient le statut coranique : sans grandes répercussions immédiates cette réforme représentait cependant le triomphe d'un principe. Elle est repoussée par Messali, acceptée avec réticences par les Ouléma, avec enthousiasme par les Evolués. L'opposition intransigeante des Européens la fait échouer et renforce l'audience de Messali qui a fondé en 1937 le Parti du Peuple Algérien (P.P.A.) et réclame l'indépendance.

3. **L'Afrique noire et Madagascar.** — En *Afrique noire* la crise provoque un certain nombre de manifestations mais ne détermine pas la création de mouvements politiques organisés comme ceux d'Afrique du Nord. Le panafricanisme, d'origine américaine, reste à peu près sans écho. L'activité politique française n'a des répercussions qu'au

Sénégal où le Parti Socialiste Sénégalais (P.S.S.), libéral mais non nationaliste, vote sa fusion avec la S.F.I.O. en 1938. C'est le mouvement syndical qui profite le plus de l'avènement du Front Populaire : en un peu plus d'un an, en A.O.F., se créent 119 associations professionnelles dont 42 syndicats professionnels qui vont pouvoir jouer un certain rôle grâce à un décret de mars 1937 introduisant les conventions collectives et l'élection des délégués du personnel dans les entreprises employant plus de dix personnes. Mais Européens et Africains s'organisent séparément, les oppositions ethniques l'emportant sur les intérêts de classe.

A *Madagascar*, depuis 1929, existait un mouvement réclamant l'indépendance et soutenu par les communistes au Parlement et dans la presse. Il était poursuivi ainsi que les travailleurs voulant obtenir le droit syndical. L'arrivée au pouvoir du Front Populaire amène une détente avec l'amnistie, le relèvement des salaires, la suppression du travail obligatoire pratiqué sous la forme du S.M.O.T.I.G. (Service de la Main-d'Œuvre des Travaux d'Intérêt Général), l'autorisation de paraître accordée aux journaux rédigés en malgache ou bilingues, surtout la reconnaissance du droit syndical. Mais là aussi on trouve très peu de syndicats mixtes, Français et Malgaches militant séparément.

4. **L'Indochine.** — Après l'échec de l'insurrection de Yen-Bay, c'est le Parti Communiste qui, en 1930, a pris la direction de l'opposition. A la faveur de la crise il détermine de nombreuses grèves dans le monde ouvrier mais il étend aussi son action dans la masse paysanne accablée par les impôts et les mauvaises récoltes : dans le Nord-Annam le mouvement prend même une forme révolutionnaire avec

création de soviets et partage des terres. La répression de 1932-1933 ne met pas fin à l'agitation.

Comme dans les autres colonies, la politique libérale du Front Populaire se manifeste par une large amnistie et des libertés plus grandes qui permettent un développement de l'activité politique : des nationalistes sont élus au Conseil colonial de Cochinchine, au Conseil municipal de Hanoï, aux Chambres des représentants du peuple de Hanoï et de Hué. Des mesures sociales sont prises en faveur des travailleurs : amélioration des salaires et des conditions de travail, interdiction des amendes, réduction progressive de la journée de travail de 10 heures à 8 heures. Mais si « le Front Populaire a obtenu des résultats non négligeables », s'il a « permis au mouvement national vietnamien des progrès décisifs » (J. Chesneaux) là, comme ailleurs il n'a réussi ni à surmonter les oppositions à sa politique ni à désarmer les nationalistes et dès cette époque on pouvait se demander s'il existait une solution moyenne, une solution libérale au problème colonial.

Chapitre III

L'EMPIRE DANS LA GUERRE (1939-1945)

Les questions coloniales n'ont pas joué un rôle déterminant dans le déclenchement des hostilités, mais elles ont pesé en arrière-plan. Si Hitler ne manifeste pas d'intérêt particulier pour les colonies, des groupes coloniaux actifs existent en Allemagne dès 1920, des revendications sont formulées en 1927 par le Dr Schacht, président de la Reichsbank, et en 1934 le Parti Nazi a son bureau politique colonial : on songe aux anciennes colonies, mais aussi au Congo belge et l'idée du « Mittel Africa » reste vivace. Après ses victoires d'Abyssinie, l'Italie fait campagne pour une redistribution des mandats et des matières premières ; elle s'en prend à la « France décrépite » et rêve d'annexer Nice, la Corse et, pour mettre fin au *calvario doloroso* de ses enfants expatriés, la Tunisie. A ce « front commun colonial » pouvait se joindre le Japon : si on ne parle plus du « plan Tanaka », il est maintenant question d' « organiser l'Asie orientale » en attendant l' « ordre nouveau » qui englobera l'Indochine.

Face à ces ambitions, la suprématie navale anglo-française semblait devoir assurer la sécurité des possessions, mais la défaite de 1940 va bouleverser la stratégie, provoquer la scission de l'Empire et ébranler le monde indigène d'une manière décisive.

I. — Jusqu'à la défaite de 1940

1. **Mobilisation et participation.** — A la déclaration de guerre (3 septembre 1939), deux faits apparaissent immédiatement : l'absence de préparation, l'acceptation réservée de la guerre.

L'absence de préparation était grave surtout pour l'Afrique du Nord et l'Indochine qui pouvaient être impliquées rapidement dans des opérations militaires. Pour la première, menacée par l'Italie à partir de ses bases d'Europe ou de Libye, on comptait sur Bizerte au nord et sur la ligne Mareth au sud de la Tunisie, mais les troupes restant sur place étaient très démunies en matériel et équipement, argument majeur, au moment de l'armistice, pour ceux qui prétendront que la défense en Afrique du Nord était impossible. L'Indochine était directement menacée par le Japon qui avait même fait acte d'hostilité en mars 1939 lorsqu'il s'était emparé des îles Paracels, au sud-est de l'île d'Haï-nan ; or, pour défendre un territoire de plus de 700 000 km^2, il n'y avait que 90 000 hommes avec un armement désuet et sans véritable soutien naval ou aérien.

Pas plus qu'en France, on n'assiste dans les colonies à de grandes manifestations d'enthousiasme patriotique. Cependant les actes d'hostilité caractérisée sont rares. On peut attribuer ce calme aux précautions prises par les autorités (arrestations préventives, dissolution du Parti Communiste), mais il faut aussi souligner les manifestations de loyalisme : en Algérie, pour Ferhat Abbas, « si la France démocratique cessait d'être puissante, notre idéal de liberté serait à jamais enseveli » ; au Maroc, le sultan offre « un concours sans réserve » ; à Madagascar, les nationalistes arrêtent leur action. Aussi la mobilisation s'effectue normalement : l'Algérie notamment enverra 216 000 hommes dont 123 000 Musulmans et l'Afrique noire 80 000 ; de toutes les colonies partiront les approvisionnements en denrées alimentaires et en matières premières.

2. **L'armistice et la scission.** — Lorsque survient la défaite, on peut dire que partout, sauf en Indochine, le premier réflexe fut d'organiser la résistance puis, rapidement, un revirement se produisit avec des origines parfois différentes, mais aussi des causes générales : le prestige incontestable du Maréchal, les clauses mêmes de l'armistice qui paraissaient sauvegarder l'Empire, l'attaque anglaise contre la flotte française à Mers el-Kébir (3 juillet 1940) qui fit près de 1 300 morts du côté français. Cependant, une fraction des colonies allait échapper à ce revirement et se rallier au général de Gaulle et ainsi, quatre mois après l'armistice, l'Empire se trouvera divisé en deux blocs, d'importance très inégale, il est vrai.

L'Indochine opta immédiatement pour la *fidélité à Vichy* et il ne pouvait en être autrement étant donné la pression du Japon qui n'aurait pas accepté de voir la colonie s'inféoder, même indirectement, à l'Angleterre. Pour le gouvernement nippon il s'agissait alors d'arrêter l'aide américaine que Tchang Kaï-Chek recevait, par le chemin de fer du Yunnan notamment : d'où l'accord du 30 août entre Vichy et Tokio qui, tout en reconnaissant « la souveraineté française sur l'Indochine », autorisait une implantation militaire japonaise au Tonkin. Il sera suivi de l'obligation faite à la

France d'abandonner une partie du Cambodge à la Thaïlande rangée ainsi dans le camp japonais (9 mai 1941) et plus tard, en juillet 1941, d'un autre accord permettant au Japon d'envoyer des troupes dans l'Indochine du Sud : celle-ci devenait une base de la future offensive nippone vers Singapour et les mers du Sud tandis que la souveraineté de Vichy s'effritait de plus en plus.

Il n'en était pas de même dans les autres colonies. En Afrique du Nord le général Noguès (résident général au Maroc et commandant en chef du théâtre d'opérations d'Afrique du Nord) songe pendant quelques jours à poursuivre la lutte, puis il se rallie et cède bientôt le pas à Weygand installé à Alger comme délégué général du gouvernement en Afrique du Nord française et qui, malgré son hostilité aux Allemands, s'opposera à toute dissidence. Même scénario en Afrique noire avec le gouverneur Boisson, prônant le combat à outrance en A.E.F. et qui, nommé à Dakar, repousse par la force la tentative effectuée par le général de Gaulle pour s'emparer du grand port (23 septembre). A Madagascar, il semblait d'autant plus normal de se ranger aux côtés de l'Angleterre que le blocus britannique pouvait arrêter tout trafic commercial ; cependant, là aussi le Maréchal l'emportera et il en sera de même dans d'autres parties de l'Empire tels la Syrie et le Liban ou la Côte française des Somalis.

Le *ralliement à la France libre* apparaît donc comme un acte assez exceptionnel. Le point de départ en est la colonie du Tchad, menacée directement au nord par la Libye italienne, frontalière du Soudan anglo-égyptien à l'est et de la Nigeria à l'ouest ; son chef, le gouverneur Eboué, un Noir né à Cayenne, d'esprit libéral mais nullement révolutionnaire, décide le 26 août de se rallier à de

Gaulle. D'autres territoires africains suivront mais il y faudra un peu de *compelle intrare* gaulliste avec l'intervention notamment des forces de Leclerc et de Larminat qui lèveront les dernières hésitations. Finalement, toute l'A.E.F. et le Cameroun resteront dans la guerre. Peut-être aussi que dans l'océan Pacifique et l'océan Indien le ralliement des Nouvelles-Hébrides (18 juillet) n'aurait pas été suivi comme il le fut, en septembre, par celui des Etablissements français de l'Océanie, puis des Etablissements français de l'Inde et enfin de la Nouvelle-Calédonie.

Dans cet éclatement de l'Empire, deux points doivent être notés : d'abord l'option pour Vichy ou le général de Gaulle ne s'explique point par une différence d'idéal politique mais par des questions de tempérament ou des conceptions opposées du devoir patriotique ; en second lieu, toutes les décisions ont été prises en dehors des populations indigènes et nul n'a songé à les rallier dans un sens ou dans l'autre par la promesse d'une évolution politique ou sociale.

II. — De la scission de 1940 à la Conférence de Brazzaville

1. **La vie séparée.** — Les deux parties de l'Empire vont évoluer dans un esprit différent : celle qui reste fidèle à Vichy demeure sur la défensive et subit indirectement les exactions de l'Axe ; celle qui a suivi (et qui constitue en fait) la France Libre pratique une politique active visant à l'extension et y réussit partiellement.

L'Empire de Vichy est l'objet d'une grande attention de la part du gouvernement non seulement à cause du rôle joué dans le ravitaillement de la métropole, mais aussi parce que, moralement, il donnait à la France, avec la marine, l'impression qu'elle était encore une force, disposant d'une réserve pour l'avenir. D'où une politique de sauvegarde qui se manifeste contre la France Libre mais aussi, parfois, avec Weygand notamment, contre l'Allemagne. On s'intéresse aux questions coloniales qui donnent lieu à d'intéressantes publications comme celles du général Paul Azan ou du Pr René Maunier. En octobre 1940 est créé un « Fonds de Solidarité Coloniale », dont on parlait déjà avant la guerre, et qui, doté de 400 millions, doit soutenir la production des territoires d'outre-mer ; une loi du 31 décembre 1941 permet en outre à l'Etat d'attribuer des avances aux entreprises coloniales et de leur octroyer sa garantie. Le transsaharien, dont la première étude officielle remontait à 1879 et qui avait suscité bien des projets, devient le « Méditerranée-Niger » et des travaux sont entrepris entre Colomb-Béchar et Beni-Abbès.

Lorsque, en 1943, le maréchal Pétain prépare une Constitution (qui ne sera jamais publiée), les colonies ne sont pas oubliées et pour la première fois un acte constitutionnel leur consacre un titre, ici le titre VI intitulé *Le gouvernement de l'Empire* dont voici le texte :

« Art. 41. — 1° Les territoires d'outre-mer sur lesquels à des titres divers, l'Etat français exerce sa souveraineté ou étend sa protection, constituent l'Empire.

« 2° Dans l'Empire, le gouvernement exerce son autorité par l'intermédiaire de hauts fonctionnaires responsables de la sécurité intérieure et extérieure des territoires qu'ils administrent ou contrôlent.

« 3° L'Empire est régi par des législations particulières.

« Art. 42. — 1° Auprès du Président de la République est institué un Conseil d'Empire appelé à donner son avis sur les questions intéressant le domaine français d'outre-mer.

« 2° Dans les parties de l'Empire où l'évolution sociale

et la sécurité le permettent, le représentant du chef de l'Etat est assisté d'un conseil consultatif.

« 3° La loi fixe les conditions dans lesquelles s'exerce la participation traditionnelle de certaines colonies à la représentation nationale. »

Texte prudent et assez vague dans lequel la métropole n'abandonnait aucune de ses prérogatives mais qui montrait que l'Empire était devenu un grand sujet de préoccupation nationale.

Ce souci de réorganisation coloniale se heurtait aux graves problèmes qui surgissaient dans chaque territoire.

En Afrique du Nord, Weygand avait entrepris de reconstituer une force armée clandestine et, par des accords avec les Etats-Unis, il avait essayé, sans grands résultats, de pallier le déficit des exportations métropolitaines ; il sera rappelé en novembre 1941 et Vichy pratiquera alors une politique de plus en plus raciste (mesures contre les Juifs) et policière (lutte contre toute résistance). Peu à peu les Indigènes évoluent à cause des difficultés économiques qui attisent le mécontentement et aussi parce qu'ils perçoivent mieux la faiblesse de la France en subissant l'influence des propagandes allemande, italienne et parfois aussi anglaise (au Maroc). En Tunisie c'est le nouveau bey, Moncef, qui réclame des réformes ; en Algérie Ferhat Abbas adresse une lettre revendicative au maréchal Pétain.

Pratiquement coupée de la métropole, l'Afrique occidentale doit vivre sur elle-même. Les exportations s'effondrent et, malgré les industriels français, une huilerie s'installe à Dakar pour traiter les arachides. Comme partout l'artisanat traditionnel reprend une certaine vie. Mais les difficultés sont grandes et, sous l'égide de la « Légion des combattants » et de « la France de Pétain », c'est un régime de rationnement sévère et de surveillance généralisée. A cause du racisme hitlérien, les Indigènes évolués sympathisent avec les Alliés, mais la masse reste étrangère à une querelle qui la dépasse.

A Madagascar, vu l'isolement, l'économie menacée d'asphyxie est sauvée par les avances des banques (sous garantie de l'Etat) et un renouveau de l'économie familiale traditionnelle jusqu'au jour où l'intervention britannique l'intègre dans de nouveaux circuits. Le 5 mai 1942, en effet, sans en informer le général de Gaulle, les Anglais s'emparent de Diégo-Suarez et le 14 septembre débarquent à Majunga. Tananarive est ensuite occupée et, après un accord signé le 14 décembre, Churchill fait remettre Madagascar à la France Libre.

Pour *l'Empire de la France Libre*, la première date importante est sans doute le 27 octobre 1940 lorsque, à Brazzaville, le général de Gaulle proclame ce qu'il appelle « la charte de mon action » avec création d'un « Conseil de Défense de l'Empire » qui, sous la direction du chef des Français Libres, devait exercer, « dans tous les domaines, la conduite générale de la guerre en vue de la libération de la patrie ». Plus tard, ce Conseil deviendra le Comité National qui prendra la forme d'un véritable gouvernement mais, à l'origine, la base initiale de la France Libre est bien l'Empire auquel le général de Gaulle rendra hommage le 18 juin 1943 lorsqu'il dira : « Je salue aussi l'Empire, l'Empire fidèle, base de départ pour le redressement du pays. Certes, il faudra qu'après la guerre soit transformée sa structure. Mais la France unanime entend en maintenir l'unité et l'intégrité. »

Cette base d'ailleurs, la France Libre songeait à l'élargir et les circonstances lui en fournissent l'occasion. Les aérodromes de Syrie étant utilisés par les

Allemands, Anglais et gaullistes interviennent en juin 1941 et mettent fin au régime de Vichy. Non sans difficultés avec l'Angleterre, le général de Gaulle établit des gouvernements qui doivent assurer la transition entre le régime du mandat et celui de l'indépendance, mais dès ce moment est reconnue la souveraineté de la République syrienne (27 septembre) et celle de la République libanaise (26 novembre).

D'autres succès de moindre importance récompensent l'action des Français Libres qui occupent successivement Saint-Pierre-et-Miquelon (décembre 1941), la Réunion (novembre 1942) et Djibouti (décembre 1942). Dans le domaine militaire la brigade du général Kœnig s'illustrant en Libye, à Bir-Hakeim, en juin 1942, apparaissait comme le noyau d'une armée de revanche.

Fait remarquable : ni Vichy ni la France Libre ne définissent une politique indigène originale. Le maréchal Pétain ne fait à Ferhat Abbas qu'une réponse polie sans promesses de réformes et le général de Gaulle laisse au gouverneur Eboué le soin de formuler « la nouvelle politique indigène », qui se bornera à supprimer les abus les plus notables en recommandant d'éviter toute révolution et d'agir en « législateurs extrêmement discrets ».

2. **Le rassemblement de l'Empire.** — Le débarquement allié du 8 novembre 1942 en Afrique du Nord marque le début d'une nouvelle période dans l'histoire de l'Empire français. Progressivement celui-ci va reprendre sa place dans la lutte contre l'Allemagne. Les troupes françaises d'Afrique du Nord, sous le commandement du général Juin, contribuent à la libération de la Tunisie (entrée à Tunis le 7 mai 1943) tandis que, venant du Tchad,

la colonne Leclerc s'était emparée du Fezzan en décembre 1942, réalisant la première conquête vraiment française. L'armée d'Afrique intervient ensuite dans la libération de la Corse (septembre-octobre 1943), la campagne d'Italie (entrée à Rome le 15 juin 1944), la campagne de Provence (août 1944) avant de remonter vers le nord en amalgamant l'ensemble de l'armée française.

A Alger, le général de Gaulle avait constitué le Comité Français de la Libération Nationale (3 juin 1943) devenu, un an après, le Gouvernement Provisoire de la République française. Une ébauche de Parlement, l'Assemblée Consultative, réunissait des délégués de la métropole et des représentants des territoires d'outre-mer.

Dès 1943 ceux-ci s'étaient ralliés autour du chef de la France libre : d'abord l'A.O.F., puis la Guyane, suivie par la Martinique et par la Guadeloupe (où se trouvait entreposé l'or de la Banque de France). A l'exception de l'Indochine et de Kouang-Tchéou, le rassemblement des terres de l'Empire était ainsi achevé mais, en décembre 1943, on avait reconnu officiellement la fin du mandat sur la Syrie et le Liban en transférant à leurs gouvernements les pouvoirs encore détenus, ce qui devait contribuer à encourager les mouvements nationalistes dans les autres parties de l'Empire.

C'est en Afrique du Nord que se firent jour les principales revendications avec de nouvelles forces d'opposition : en Tunisie, le bey Lamine avait remplacé le bey Moncef destitué ; celui-ci, accusé à tort d'avoir collaboré avec l'Axe, devint le symbole de la résistance au colonialisme tandis que Bourguiba conseillait de faire bloc autour de la France pour gagner la guerre et que le Destour restait interdit. A Anfa (banlieue de Casablanca), en janvier 1943, si le président Roosevelt n'a pas promis l'indépendance au sultan, il est certain qu'il s'efforçait de relâcher les liens entre la France et le Maroc ; les mouvements nationalistes profitaient des circonstances et réalisaient momentanément leur union. En Algérie, sous l'impulsion de Ferhat Abbas, le *Manifeste du Peuple Algérien* (10 février 1943) réclamait notamment une Constitution avec l'égalité de tous les habitants, une réforme agraire, l'arabe comme langue officielle avec le français, la reconnaissance des principales libertés. Quelques mois plus tard, dans un discours à Constantine (12 décembre 1943), le général de Gaulle annonçait plusieurs réformes favorables aux Musulmans : attribution de la qualité de citoyen (sans abandon du statut personnel) à plusieurs dizaines de milliers d'entre eux ; augmentation de la représentation dans les assemblées locales (elle sera des deux cinquièmes) ; accession à de nombreux postes administratifs ; amélioration des conditions de vie. Etait-ce l'annonce d'une ère nouvelle peu avant l'ouverture de la Conférence de Brazzaville ?

III. — La Conférence de Brazzaville (30 janvier-8 février 1944)

1. **Origines et composition.** — Dans l'histoire de la décolonisation française contemporaine, la Conférence impériale de Brazzaville a été précédée de deux autres. En 1934-1935 avait eu lieu, nous l'avons vu, la Conférence économique de la France métropolitaine et d'outre-mer qui, dans le domaine social par exemple, ouvrait la voie aux délégués de 1944. En novembre 1936 s'était réunie, à l'hôtel Matignon, la « Conférence des gouverneurs », sur l'initiative du ministre des Colonies Marius Moutet,

avec « pour but de favoriser l'élaboration d'une doctrine coloniale rajeunie et compréhensive », « la politique altruiste ». Elle avait pris 35 décisions générales concernant notamment la fiscalité, l'équipement colonial et le problème des échanges entre la métropole et les colonies, en insistant sur la protection des produits métropolitains dans les colonies et réciproquement. Par son organisation, et aussi par son but, cette Conférence, qui passa presque inaperçue, rappelle, avec moins d'ampleur, celle de Brazzaville.

Celle-ci devait avoir une autre portée à cause des circonstances. Il y avait d'abord le rôle propre de l'Empire français dans cette guerre mondiale : par son importance il posait la question de l'avenir des colonies et en France, comme à Alger, resurgissait l'idée fédérale qui pouvait paraître une idée dissolvante. Il y avait ensuite le contexte international : en août 1941, dans la charte de l'Atlantique, Churchill et Roosevelt avaient affirmé le droit de « libre disposition des peuples » et si pour les Anglais et les Français ce droit se limitait aux peuples de l'Europe, il en allait différemment pour leur allié américain et plus encore pour les colonisés. On pouvait donc craindre l'arbitrage d'un organisme international et, dans son discours d'ouverture, le commissaire aux Colonies, René Pleven, jugera utile d'affirmer « notre volonté de prendre nous-mêmes, et surtout sans les partager avec aucune institution anonyme, les immenses mais exaltantes responsabilités qui sont nôtres, vis-à-vis des races qui vivent sous notre drapeau ».

Le Comité Français de la Libération Nationale avait d'abord envisagé de réunir les gouverneurs de tous les territoires libres, mais il y renonça à cause des difficultés de communications résultant de la guerre et il se borna à convoquer les gouverneurs de l'Afrique ; il s'agit, en effet, essentiellement, d'une réunion de hauts fonctionnaires : 21 gouverneurs auxquels se sont joints 9 membres de l'Assemblée consultative et 6 observateurs envoyés par le Gouvernement général de l'Algérie et les Résidences générales de Tunisie et du Maroc. Aucun indigène africain n'y prend part et seuls quelques évolués enverront des rapports (6 exactement) qui seront lus au cours d'une séance consacrée au problème de la coutume familiale et sociale.

2. **L'œuvre et ses conséquences.** — Un programme avait été soumis aux gouverneurs intéressés qui, en deux mois, l'étudièrent sérieusement. Il fut ensuite débattu au cours de diverses séances avec comme aboutissement une série de recommandations qui constituent l'œuvre de la Conférence et qu'éclairent plusieurs discours.

Si on veut classer ces recommandations par rapport à leur caractère progressiste, on est frappé par l'opposition existant, d'une part entre tout ce qui concerne les questions sociales, économiques et administratives ; d'autre part, l'organisation politique.

Pour les premières, sans pouvoir parler de souffle révolutionnaire, il est certain que, en dehors de toute pression extérieure (aucun mouvement de révolte), ces hauts fonctionnaires envisagent des transformations notables :

— Au point de vue social, notamment : l'ouverture de plus en plus large des emplois aux Indigènes en réservant toutefois « pour le présent, les cadres de commandement et de direction » aux citoyens français ; à compétence égale, une rémunération égale entre Européens et Indigènes ; l'introduction immédiate de « la notion de la liberté du mariage qui est proprement la liberté de la femme » ; la suppression progressive des peines ordinaires de l'indigénat ; le développement de l'enseignement des garçons et des filles (l'enseignement étant donné uniquement en français) ; l'abolition dès que possible de tout travail forcé (en proposant cependant l'institution d'un service obligatoire du travail pendant un an) ; la création d'associations professionnelles ; des mesures précises pour mettre en œuvre un système convenable d'assistance médicale.

— Au point de vue économique, on préconise « un plan de production pour l'ensemble de nos colonies » ; on estime que « l'industrialisation des territoires coloniaux est à encourager » (attitude nouvelle même si elle est assortie de la nécessité d'opérer « par étapes, avec méthode et prudence ») ; on suggère divers moyens pour améliorer l'agriculture dont « l'envoi d'une mission en Russie pour y étudier le régime du kolkhose » auquel on découvre un certain degré de parenté avec la société indigène de prévoyance ; enfin il est recommandé un régime douanier « plus libéral et plus souple ».

— Dans le domaine administratif, diverses mesures de réorganisation sont également envisagées, mais il n'est nullement question d'amoindrir les pouvoirs des chefs de colonie dont on souhaite au contraire l'extension.

Quant à l'œuvre qui suivit ces recommandations elle n'est pas négligeable et assez rapidement intervinrent des décrets intéressant surtout le développement économique mais aussi la justice (création d'un code pénal, organisation des juridictions indigènes) et le travail (institution de syndicats professionnels et d'inspecteurs du travail).

Face à ce courant réformateur, les recommandations qui concernent l'organisation politique de l'Empire français apparaissent singulièrement conservatrices. Certes, on trouve parfois les termes de « Fédération française », de « personnalité politique » ou de « responsabilité politique », mais le sens en est toujours ambigu et lorsqu'on parle de participation des Indigènes à la vie politique, c'est d'une large décentralisation administrative qu'il est question, la souveraineté française ne pouvant être mise en cause. Les textes sur ce point ne laissent place à aucune équivoque :

— Avant même de préciser ses recommandations, la Conférence pose le principe ci-après : « Les fins de l'œuvre de civilisation accomplie par la France dans les Colonies ÉCARTENT TOUTE IDÉE D'AUTONOMIE, TOUTE POSSIBILITÉ D'ÉVOLUTION HORS DU BLOC FRANÇAIS DE L'EMPIRE ; LA CONSTITUTION ÉVENTUELLE, MÊME LOINTAINE, DE SELF-GOVERNMENTS DANS LES COLONIES EST A ÉCARTER. » Ces lignes, en grandes capitales dans une édition de 1944 (d'Alger), en caractères ordinaires par la suite.

— Immédiatement après est reproduit le programme général de la Conférence qui débute ainsi : « On veut que le pouvoir politique de la France s'exerce avec précision et rigueur sur toutes les terres de son Empire », ce qui fera écrire à un juriste qu' « on n'a jamais formulé avec une rigueur aussi dépourvue de nuances, un principe d'assujettissement des peuples colonisés à leur métropole » (R. Viard). En réalité les lignes qui suivent précisent bien l'idéal poursuivi : « On veut aussi que les colonies jouissent d'une grande liberté administrative et économique. On veut également que les peuples coloniaux éprouvent par eux-mêmes cette liberté et que leur responsabilité soit peu à peu formée et élevée afin qu'ils se trouvent associés à la gestion de la chose publique dans leur pays. »

— Si on demande une représentation coloniale accrue et la formation d'un « organisme nouveau à créer, Parlement colonial ou, préférablement, Assemblée fédérale », on ajoute que tout en respectant la liberté locale de chacun des territoires, il devra « affirmer et garantir l'unité politique infrangible du monde français ».

C'est en somme l'esprit du discours de Constantine : des mesures libérales, mais dans le cadre étroit de la souveraineté française ; des réformes économiques, sociales, administratives, mais dans le domaine politique aucune promesse de bouleversement et le respect sacro-saint de l'ordre colonial. Plus tard seulement une certaine histoire fera endosser à la Conférence les ailes de la Victoire de Samothrace pour aller porter partout la bonne nouvelle de la décolonisation. En réalité, au début de 1944, pour un esprit français, la décolonisation était encore une chose impensable et l'idéal demeurait toujours qu'un Africain français devînt un jour un Français africain.

IV. — La fin de la guerre

Elle est marquée par de grosses difficultés en Afrique du Nord et surtout par le développement d'une situation révolutionnaire en Indochine.

1. **L'Afrique du Nord.** — Partout le mouvement nationaliste se manifeste avec éclat et parfois la violence succède aux déclarations.

A Tunis, le nouveau résident, le général Mast, avait entrepris une série de réformes : nomination d'un ministre tunisien aux Affaires sociales, égalité numérique entre section tunisienne et section française au Grand Conseil, institution d'assemblées élues dans les cheikhats (circonscriptions de base). L'opposition désire davantage et, en novembre 1944, le *Manifeste du Front Tunisien* réclame l'autonomie interne, ce *self-government* sur lequel la Conférence de Brazzaville avait jeté l'anathème Des associations diverses se multiplient dans le pays et, en janvier 1946, sera fondée l'Union Générale des Travailleurs Tunisiens (U.G.T.T.) qui organisera des manifestations. Quant à Bourguiba, préférant agir de l'extérieur (sur les Etats-Unis, puis sur l'O.N.U.), il s'était échappé de Tunisie pour aller s'établir en Egypte où venait de se constituer la Ligue des Etats Arabes (mars 1945).

Au Maroc, l'opposition s'était manifestée ouvertement le 11 janvier 1944, peu avant la Conférence de Brazzaville, par le *Manifeste du Parti de l'Istiqlal* (Parti de l'Indépendance), signé surtout par des membres de la classe moyenne urbaine, qui condamnait sans appel le Protectorat, rappelait les mérites du peuple marocain, invoquait les Alliés et réclamait l'indépendance. Peu après, l'arrestation de chefs nationalistes déclenche une violente agitation et, à Fez, une véritable insurrection qui fit une quarantaine de morts dans la population (février). Pour apaiser les esprits une politique de réformes vit le jour (réorganisation de la fonction publique, modernisation du paysannat, défense de la propriété rurale, développement de l'enseignement), mais le problème politique restait ignoré et un fossé s'était creusé entre Européens et Marocains.

L'Algérie s'était engagée dans la voie des réformes avec l'ordonnance du 7 mars 1944 qui réalisait les promesses du discours de Constantine, mais que l'opposition considéra comme dérisoire et de caractère assimilationniste. D'où, à l'instigation de

Ferhat Abbas, la constitution de l'*Association des Amis du Manifeste et de la Liberté* qui accueille tous les opposants à l'exclusion des communistes et prend une grande extension à la faveur des circonstances : la situation économique difficile par suite de la guerre et des mauvaises récoltes, les espoirs que faisait naître la Ligue Arabe. Mais dans ce front commun nationaliste les modérés sont débordés : Ferhat Abbas échoue lorsqu'il demande une « République autonome fédérée à la République française » et les messalistes sont approuvés lorsqu'ils réclament « un Parlement et un gouvernement algérien » indépendants. L'agitation va croissant, les incidents se multiplient et le 8 mai 1945, à Sétif, c'est l'émeute sanglante qui devient une véritable insurrection dans le Constantinois : une centaine d'Européens sont massacrés et la répression fait 6 000 à 8 000 morts. Une cassure profonde se produit alors entre les deux communautés et jamais plus le climat psychologique ne sera ce qu'il avait été : « l'Algérie de papa » est morte en mai 1945

2. **L'Indochine.** — Sous la direction de l'amiral Decoux, elle avait poursuivi sa vie isolée, dans des conditions économiques souvent difficiles, le Japon effectuant des achats massifs de riz (pour l'alimentation et la distillation) et de matières premières (caoutchouc, charbon, zinc...) en fournissant en contrepartie peu de produits manufacturés métallurgiques ou textiles. D'où un renouveau de l'activité artisanale et un début d'industrialisation, mais aussi une hausse importante des prix et pour le Tonkin, mal approvisionné par la Cochinchine, une situation précaire qui, à la suite de mauvaises récoltes, deviendra catastrophique en 1944-1945, la famine faisant, estime-t-on, plus d'un million de victimes.

Au point de vue politique, tout en restant dans le ton « Révolution nationale », le régime est de plus en plus franco-japonais avec un caractère paternaliste visant à rehausser le prestige de l'empereur Bao-Daï tout en accordant certaines satisfactions aux élites : réforme du mandarinat, mesures favorables aux fonctionnaires vietnamiens, scolarisation accrue, emploi généralisé du *quôc-ngu* (vietnamien en caractères latins) dans l'enseignement et l'administration, travaux d'utilité publique.

Peu à peu, la situation est devenue plus complexe avec l'apparition, à côté de la France et du Japon, d'un protagoniste de plus en plus puissant : le mouvement nationaliste. En 1941 s'était constituée la « Ligue pour l'Indépendance du Viêt-nam », plus connue sous le nom de *Viêt-minh* avec Nguyen Ai-Quoc (bientôt Ho Chi-Minh : Celui qui donne la lumière) et Vo Nguyen-Giap, se proposant l'indépendance par la lutte contre Vichy et Tokio, puis l'établissement d'une République démocratique et sociale. Le mouvement est soutenu par la Chine et reçoit même certaines avances américaines tandis qu'à Alger, en décembre 1943, le général de Gaulle formule quelques promesses libérales auxquelles le Viêt-minh répond : « Notre liberté nous la voulons entière. »

Le drame éclate à l'initiative du Japon qui, le 9 mars 1945, attaque toutes les garnisons françaises et instaure, avec le soutien de Bao-Daï, un régime qui ruine l'autorité française et favorise ainsi l'action du Viêt-minh. Les circonstances jouent d'ailleurs en faveur de celui-ci. La France ne peut encore intervenir et le gouvernement se contente d'une déclaration (24 mars) dans l'esprit de Brazzaville, promettant de larges libertés locales au sein de l'« Union française » (dont on employait l'expression pour la première fois), mais avec un gouvernement général qui « sera, dans l'intérêt de chacun, l'arbitre de tous ». Quant au Japon, après le bombardement atomique d'Hiroshima (6 août), il est sur le point de s'écrouler. Le Viêt-minh lance donc l'appel à l'insurrection générale le 13 août et, avec le soutien plus ou moins prononcé de la Chine, de l'U.R.S.S. et des Etats-Unis, il élimine tous ses adversaires, forme un gouvernement provisoire et le 2 septembre proclame l'indépendance du Viêt-nam. Au moment où il s'apprêtait à intervenir militairement, le gouvernement français se trouvait donc en présence d'une situation nouvelle : un pouvoir nationaliste organisé ayant réussi à s'implanter sur un territoire colonial. Moins de deux mois plus tard, le 21 octobre, la France élisait une Assemblée constituante et personne ne percevait encore que le processus de décolonisation était engagé.

CHAPITRE IV

L'UNION FRANÇAISE (1946-1958)

Apparue en 1945, l'expression d'Union française s'impose dans la Constitution de 1946 qui en précise les fondements sans essayer cependant d'en donner une définition. Cet ensemble de territoires qui « sont dans notre mouvance » (de Gaulle) constitue, en effet, un agrégat particulièrement complexe appelé à évoluer rapidement sous l'effet d'une conjoncture défavorable. Des crises de plus en plus violentes précèdent une première désagrégation et, douze années après sa formation, l'Union, très amoindrie, disparaîtra, laissant la place à une Communauté dont la vie sera encore beaucoup plus éphémère.

I. — Les fondements : la Constitution de 1946

1. L'opinion et les idées en 1945-1946. — Le rôle des colonies a été tel, surtout depuis 1942, qu'aucun Français ne peut plus les ignorer et à leur égard se fait jour, surtout envers les populations indigènes, un incontestable sentiment de reconnaissance. Mais comment se traduit-il ?

On peut considérer comme caractéristique le programme du Conseil National de la Résistance soumis aux « Etats généraux de la Renaissance française » le 14 juillet 1945 au palais de Chaillot. On y lit :

« Nous demandons que la future Constitution de la Communauté française soit précédée d'une déclaration des droits et que, tant cette déclaration des droits que la Constitution elle-même, s'inspirent du postulat suivant : égalité des droits et des devoirs de tous, sans distinction de race, d'origine, de langue ou de religion.

« Aucune réglementation ne pourra être valablement émise qui irait, directement ou indirectement, à l'encontre de ce qui précède.

« Les droits politiques complets des citoyens français sont accordés à tous les originaires des territoires français d'outre-mer sans que cela comporte pour eux l'obligation de renoncer à leur statut personnel.

« Toutes les fonctions publiques, civiles ou militaires sont accessibles à tous les citoyens et citoyennes à statuts dans les mêmes conditions.

« Nous demandons que, dans la Constituante, les territoires d'outre-mer aient une représentation égale au cinquième de la France continentale, compte tenu des anciennes colonies déjà représentées. »

Texte ambigu, une fois de plus, où la vague révolutionnaire vient mourir, avec la dernière phrase, sur la plage de la souveraineté française. Aucune allusion à un éventuel droit de sécession et une entorse majeure au principe d'égalité dont on se réclame : quatre cinquièmes des représentants à 40 millions d'habitants et un cinquième à près de 70 millions. Ce n'était là, il est vrai, qu'une proposition et la décision appartenait à la Constituante élue le 21 octobre 1945 et dans laquelle, pour la première fois socialistes et communistes avaient la majorité avec 302 députés sur 586 (ils seront 261 dans la IIe Constituante élue le 2 juin 1946).

La solution fédéraliste aurait pu apparaître comme une solution libérale. Certes, elle n'avait pas d'attaches profondes dans la tradition coloniale française et nul sans doute ne songeait au livre d'Emile Demaret publié en 1899 sous le titre *Organisation coloniale et fédération. Une fédération de la France et de ses colonies*. Cependant à plusieurs reprises, à partir de 1944, il est question de « la conception fédérale » (R. Pleven), d'une « Fédération française » (à Brazzaville) ou d'un « système à forme fédérale » (de Gaulle). René Capitant lance la formule : « L'Union française sera fédérale ou ne sera pas » et lors de la seconde Assemblée constituante il présente un projet qui d'ailleurs assurait nettement la prépondérance de la métropole. Sous l'impulsion du président Herriot notamment, les constituants rejettent le fédéralisme et reviennent à l'intégration plus conforme à la tradition française et qu'on trouvait dans les recommandations de Brazzaville.

Précédant le vote de la Constitution, plusieurs décisions vont dans ce sens, notamment : l'assimilation juridique totale des originaires des établissements de l'Océanie (24-3-1945) ; la représentation de toutes les colonies à l'Assemblée constituante (août 1945) ; l'extension du droit de vote ; la départementalisation de la Martinique, de la Guadeloupe, de la Guyane et de la Réunion (19 mars 1946) et surtout l'attribution de la citoyenneté française à tous les nationaux français (7 mai 1946). A propos de cette loi à laquelle reste attaché le nom du député sénégalais Lamine Gueye, on a évoqué l'édit de Caracalla de 212 qui avait accordé d'un coup le droit de cité à tous les habitants de l'Empire ; la loi dissociait deux éléments considérés jusqu'alors comme indissolubles, le statut politique et le statut civil, et généralisait ainsi la « naturalisation dans le statut ». Mais là encore, l'application allait souvent faire bon marché des principes en limitant le droit de suffrage ou en établissant un double collège (Algérie, A.E.F., Cameroun, Madagascar).

Dans une certaine mesure, on peut considérer ces restrictions apportées lors de l'application des textes comme une concession faite aux « Etats Généraux de la colonisation française de l'Afrique noire » qui, du 5 au 8 septembre 1945, avaient réuni à Douala les délégués de la population européenne et des intérêts économiques de l'A.O.F., de l'A.E.F. et du Cameroun. Ils s'étaient élevés contre la politique économique et sociale suivie depuis la Conférence de Brazzaville (qualifiée de « composé de fascisme et de démagogie ») et avaient demandé « avant tout l'*émancipation politique* » sous l'égide du double collège avec suffrage restreint pour les Indigènes.

Ces revendications avaient été renforcées par celles qu'exprimèrent du 30 juillet au 24 août 1946 d'autres « Etats Généraux de la colonisation française » réunis à Paris : ils avaient manifesté leur opposition totale au collège unique et souligné la nécessité d'imposer un minimum de journées de travail obligatoire au titre de « devoir social ».

2. Le texte constitutionnel. — A Brazzaville on avait parlé de la « recherche d'un régime constitutionnel républicain et démocratique, pensé en fonction de la notion d'Empire ». Sans aller aussi loin, la Commission de la Constitution consacra au problème des territoires d'outre-mer plus du cinquième de ses séances pour un résultat médiocre et, selon le rapporteur général de la Commission de la Constitution de la IIe Constituante, les textes relatifs à l'Union étaient « parmi les plus mal venus de cette Constitution ». Ils furent repris sous l'autorité de Georges Bidault et le résultat fut meilleur quant à la précision.

L'Union française se trouvait mentionnée d'abord à la fin du préambule, comme un complément à la République française :

« La France forme avec les peuples d'outre-mer une Union fondée sur l'égalité des droits et des devoirs, sans distinction de race ni de religion.

« L'Union française est composée de nations et de peuples qui mettent en commun ou coordonnent leurs ressources et leurs efforts pour développer leurs civilisations respectives, accroître leur bien-être et assurer leur sécurité.

« Fidèle à sa mission traditionnelle, la France entend conduire les peuples dont elle a pris la charge à la liberté de s'administrer eux-mêmes et de gérer démocratiquement leurs propres affaires ; écartant tout système de colonisation fondé sur l'arbitraire, elle garantit à tous l'égal accès aux fonctions publiques et l'exercice individuel ou collectif des droits et libertés proclamés ou confirmés ci-dessus » (il s'agit des « droits inaliénables et sacrés » et des libertés fondamentales).

L'esprit était donc libéral, mais lorsqu'on parlait d'égalité il s'agissait des individus et non des collectivités et si l'évolution permettait d'envisager l'autonomie ou même l'indépendance (c'est ainsi que le comprendront les peuples colonisés), pour l'instant, et pour un laps de temps indéterminé, la France continuait à « conduire les peuples » dont elle avait la charge et la colonisation se poursuivait. Il est curieux de constater comment les aspirations des partis (dont les avant-projets sont à l'origine des textes) rejoignaient les recommandations administratives de Brazzaville et le programme gouvernemental exposé pour l'Indochine dans la déclaration du 24 mars 1945.

A côté de cette « déclaration d'intention » (Gonidec), de cette « vue d'avenir » (P. Lampué) que constituait le préambule, les réalités du présent étaient insérées dans le titre VIII de la Constitution intitulé *De l'Union française* (art. 60 à 82) dont voici l'essentiel en ce qui concerne les principes et l'organisation :

« Art. 60. — L'Union française est formée, d'une part de la République française qui comprend la France métropolitaine, les départements et territoires d'outre-mer, d'autre part, des territoires et Etats associés.

« Art. 61. — La situation des Etats associés dans l'Union française résulte pour chacun d'eux de l'acte qui définit ses rapports avec la France.

« Art. 62. — Les membres de l'Union française mettent en commun la totalité de leurs moyens pour garantir la défense de l'ensemble de l'Union. Le gouvernement de la République assume la coordination de ces moyens et la direction de la politique propre à préparer et à assurer cette défense.

« Art. 63. — Les organes centraux de l'Union française sont : la présidence, le Haut Conseil et l'Assemblée.

« Art. 64. — Le président de la République française est président de l'Union française dont il représente les intérêts permanents.

« Art. 65. — Le Haut Conseil de l'Union française est composé, sous la présidence du président de l'Union, d'une délégation du gouvernement français et de la représentation que chacun des Etats associés a la faculté de désigner auprès du président de l'Union.

« Il a pour fonction d'assister le gouvernement dans la conduite générale de l'Union.

« Art. 66. — L'Assemblée de l'Union française est composée par moitié de membres représentant la France métropolitaine et, par moitié, de membres représentant les départements et territoires d'outre-mer et les Etats associés.

« Une loi organique déterminera dans quelles conditions pourront être représentées les diverses parties de la population.

« Art. 67. — Les membres de l'Assemblée de l'Union sont élus par les assemblées territoriales en ce qui concerne les départements et les territoires d'outre-mer ; ils sont élus, en ce qui concerne la France métropolitaine, à raison des deux tiers par les membres de l'Assemblée nationale représentant la métropole et d'un tiers par les membres du Conseil de la République représentant la métropole.

« Art. 68. — Les Etats associés peuvent désigner des délégués à l'Assemblée de l'Union dans des limites et des conditions fixées par une loi et un acte intérieur de chaque Etat.

« Art. 71. — L'Assemblée de l'Union française connaît des projets ou propositions qui lui sont soumis pour avis par l'Assemblée nationale ou le gouvernement de la République française ou les gouvernements des Etats associés.

« L'Assemblée a qualité pour se prononcer sur les propositions de résolution qui lui sont présentées par l'un de ses membres et, si elle les prend en considération, pour charger son bureau de les transmettre à l'Assemblée nationale. Elle peut faire des propositions au gouvernement français et au Haut Conseil de l'Union française...

« Art. 72. — Dans les territoires d'outre-mer, le pouvoir

législatif appartient au Parlement en ce qui concerne la législation criminelle, le régime des libertés publiques et l'organisation politique et administrative.

« En toutes autres matières, la loi française n'est applicable dans les territoires d'outre-mer que par disposition expresse ou si elle a été étendue par décret aux territoires d'outre-mer après avis de l'Assemblée de l'Union.

« En outre, par dérogation à l'article 13 (1), des dispositions particulières à chaque territoire pourront être édictées par le président de la République en Conseil des ministres sur avis préalable de l'Assemblée de l'Union. »

Ces articles suffisent pour mettre en relief deux caractères majeurs.

Le premier réside dans la prépondérance incontestable de la métropole. Même sans tenir compte des séquelles du régime des décrets qu'on décèle dans le dernier paragraphe de l'article 72, on voit que le Haut Conseil ne peut qu' « assister le gouvernement », et l'Assemblée de l'Union française, organe principal, ne joue qu'un rôle consultatif. Pour l'établissement des statuts des territoires d'outre-mer, l'Assemblée de l'Union française et les assemblées territoriales sont consultées mais les statuts sont « fixés par la loi » (art. 74), c'est-à-dire par les assemblées métropolitaines.

En second lieu, le souci d'intégration est manifeste. Les départements d'outre-mer (Martinique, Guadeloupe, Guyane, Réunion, départements algériens) et les territoires d'outre-mer (les anciennes colonies) sont des éléments constitutifs de la République (art. 60) que l'article 1er proclame « indivisible ». Les territoires associés (Togo, Cameroun) font partie seulement de l'Union et non de la République mais, d'après les accords de tutelle de décembre 1946, la France sera autorisée à les

(1) Art. 13 : L'Assemblée nationale vote seule la loi. Elle ne peut déléguer ce droit.

administrer « selon la législation française, comme partie intégrante du territoire français ». Seuls les Etats associés (anciens protectorats) n'étaient pas intégrés d'autorité. Il n'y avait donc pas de fédération et aucun *self-government*. Comme l'écrit Hubert Deschamps : « On a voulu faire un bâtiment neuf, aéré et confortable, mais, pour la solidité, on se fie toujours au ciment romain. » Cette fois, cependant, celui-ci allait décevoir.

II. — Les conditions de l'évolution : la conjoncture

L'article 75 de la Constitution avait prévu que « les statuts respectifs des membres de la République française et de l'Union française sont susceptibles d'évolution » mais, dans l'esprit du législateur, celle-ci ne devait pas se faire nécessairement dans le sens de l'autonomie et, dans tous les cas, elle devait être progressive et dépendre uniquement du Parlement français. C'était négliger la puissance des forces de dissociation qui existaient dans le monde et en France même.

1. **La conjoncture internationale.** — Parmi ces forces il faut mettre au premier rang l'attitude anticolonialiste de l'U.R.S.S., des Etats-Unis, de l'O.N.U., de la Ligue arabe et aussi des Eglises.

Pendant la guerre, l'U.R.S.S. avait prêché l'union contre le nazisme et désavoué l'action des nationalistes aux colonies ; les communistes français avaient conservé leurs ministres au gouvernement malgré la répression sanglante de l'émeute algérienne de 1945. Mais, l'Allemagne abattue, l'anticolonialisme devient une arme de la guerre froide et le P.C., participant encore au gouvernement, refuse de s'associer à la politique menée en Afrique du Nord, en Indochine et à Madagascar : ce sera une des causes de l'éviction des ministres communistes par le président Ramadier (4 mai 1947).

Bien que leur émancipation n'ait rien à voir avec celle

d'indigènes se révoltant contre un colonisateur, les Etats-Unis se considèrent comme une nation à vocation anticolonialiste et le président Roosevelt s'était fait volontiers le héraut des peuples colonisés, soutenu par le capitalisme américain à la recherche de marchés profitables, au Maroc et en Indochine par exemple.

Si le pacte de la S.D.N. n'avait pas osé affirmer le principe général du droit des peuples à disposer d'eux-mêmes, considéré par certains comme « tout simplement chargé de dynamite » (R. Lansing), en revanche la charte des Nations Unies le formule dès son article 1er et, sous des formes variées, le réaffirme ensuite dans plusieurs de ses dispositions. En 1952, l'O.N.U. déclare qu'il s'agit d' « une condition préalable de la jouissance de tous les droits fondamentaux de l'homme » et alors on ne songeait pas à l'Europe (dont une bonne partie cependant ne pouvait s'exprimer librement) mais aux peuples colonisés. L'O.N.U. devenait ainsi une formidable machine de guerre contre la colonisation sous l'égide des deux plus grandes puissances dont l'une refusait le principe même de l'autodétermination dans les territoires qu'elle contrôlait et dont l'autre était le fruit magnifique d'une colonisation forcenée.

A côté de l'énorme caisse de résonance que constitue le palais de Manhattan, l'action de la Ligue arabe peut paraître d'une portée médiocre, mais elle intéresse directement la France car la Ligue attaque violemment l' « impérialisme et le colonialisme français», réclamant la libération de l'Afrique du Nord et demandant aux soldats musulmans servant en Indochine de refuser de combattre.

Parallèlement à ces manifestations d'hostilité déclarée, on assiste à l'évolution des Eglises chrétiennes dont les intérêts jusqu'alors étaient imbriqués dans ceux des colonisateurs. Progressivement, et très prudemment quand il s'agit du Saint-Siège, on se place dans le sens de l'Histoire, ce qui permet de sauvegarder, plus ou moins, certaines positions acquises tout en se référant à l'essence même du christianisme égalitaire. Ce sont les évêques de Madagascar qui, en 1953, dans un communiqué reconnaissant « la liberté des peuples à se gouverner eux-mêmes » marquent le plus vigoureusement une nouvelle orientation de la hiérarchie catholique. Cependant, en 1954, l'*Osservatore Romano* compare à Jeanne d'Arc les défenseurs de Dien Bien Phu poursuivant en Extrême-Orient « la chevauchée de la Pucelle ». Deux courants se heurtent, parfois avec virulence, mais le premier va l'emporter et la majorité des catholiques, du moins des plus dynamiques, se ralliera au « devoir de décolonisation » (R. P. Michel). A partir de 1958 la vocation des peuples d'outre-mer à l'indépendance apparaît comme évidente aux intellectuels catholiques et nul ne se souvient des articles de *La Croix* célébrant avec effusion le centenaire de la prise d'Alger.

Après 1945 la colonisation devient donc, chaque année davantage, un objet de dénigrement et les critiques s'intensifieront au fur et à mesure que les succès viendront couronner les efforts des nationalistes de tous pays : reconnaissance de la République indonésienne par le gouvernement néerlandais en 1946 (le transfert de souveraineté n'aura lieu en réalité qu'en 1949), indépendance de l'Inde, de Ceylan et de la Birmanie en 1947. La condamnation formelle de toute subordination à un Etat colonial sera prononcée par les pays du Tiers Monde en 1955, lors de la Conférence de Bandoeng (Indonésie) qui jettera l'anathème sur toutes les formes du colonialisme (y compris la forme soviétique) et prendra position notamment pour l'indépendance des peuples du Maghreb.

2. **La conjoncture nationale.** — Politiquement, la France était-elle en mesure de résister à ces attaques conjuguées ? Si d'emblée les forces hostiles à la colonisation se sont manifestées sur le plan international. sur le plan national elles cheminent lentement dans les partis comme dans l'opinion publique.

Précisons d'abord que, sauf en périodes de crise aiguë, les questions coloniales n'ont jamais semblé d'un intérêt essentiel aux hommes politiques et, encore en 1952, on devra renvoyer un débat sur les réformes en Tunisie faute de participants dans une Assemblée nationale réduite à une dizaine de membres. On ne peut donc s'étonner de voir l'opinion considérer, pendant des années, la guerre d'Indochine comme une affaire de professionnels entièrement dévolue à l'armée.

Cependant, les crises se multipliant, il faut bien se prononcer et on note alors qu'à l'exception des communistes (à partir de 1947), les hommes politiques français sont, dans leur grande majorité, hostiles à toute décolonisation et beaucoup estiment que la fin de l'Union française marquerait l'effacement irrémédiable de la France sur la scène mondiale. Aussi la droite comme le M.R.P. (Mouvement Républicain Populaire de G. Bidault) restent favorables à une politique autoritaire. Pour le général de Gaulle et ses nombreux partisans, les positions prises à Brazzaville contre toute autonomie sont toujours valables. Dans le Parti Radical et dans le Parti Socialiste on peut discerner, à côté d'une tendance conservatrice, une tendance libérale, mais on en verra combien « qui, libéraux en métropole, reviendront d'un voyage d'outre-mer convertis aux nécessités de la politique de force » (G. Elgey). Fait remarquable, pendant longtemps l'opinion ne croit pas réellement à la décolonisation et, par suite, ne songe pas à ses conséquences possibles sur la propriété : en 1950, lors de la guerre de Corée, les capitaux cherchent refuge au Maroc en même temps qu'en Suisse ou en Amérique du Sud ; en dix ans, l'A.O.F. reçoit 28 milliards de francs (1956) d'investissements privés, jadis beaucoup plus réservés.

Toutefois, d'abord lentement puis *crescendo*, une évolution se fera jour pour des raisons diverses.

On doute de plus en plus de la rentabilité des colonies surtout lorsque, avec la loi du 30 avril 1946, l'Etat prend à sa charge les investissements nécessités par le développement colonial (création du F.I.D.E.S. ou Fonds d'Investissement pour le Développement Economique et Social des Territoires d'Outre-Mer) : on parlera de la « rosée métropolitaine » humectant l'Afrique noire au rythme d'une cinquantaine de milliards par an et on regrettera les 1 400 milliards investis outre-mer en dix ans et qui « eussent peut-être suffi à moderniser l'économie française et à la rendre compétitive sur les marchés internationaux » (R. Cartier). Viendra bientôt la crainte de l'inflation quand on apprendra que la guerre d'Indochine a coûté quelque 1 600 milliards de 1945 à 1952 (le coût total sera de plus de 3 000 milliards d'anciens francs dont 2 385 à la charge du budget français) et qu'on verra la guerre d'Algérie exiger 300 milliards en 1956 et 400 en 1957.

A vouloir appliquer les principes de justice et d'égalité, le fonctionnement même des institutions paraît compromis et l'inquiétude atteindra les milieux réputés les plus libéraux. En 1955 le Pr Duverger écrira :

« La politique d'assimilation poursuivie jusqu'au bout aurait conduit nécessairement à donner la majorité, au Parlement français, aux députés d'outre-mer : car la métropole compte 43 millions d'habitants contre plus de 50 millions dans les territoires extérieurs. Cela n'aurait été acceptable que si les 50 millions d'indigènes ex-coloniaux avaient été eux-mêmes pleinement assimilés, si leur mentalité était devenue aussi proche des Français métropolitains que la mentalité d'un Auvergnat de celle d'un Provençal. Sinon les Français n'auraient pas accepté d'être pratiquement gouvernés par les députés de leurs anciennes colonies...

« En pratique, l'assimilation s'est limitée au domaine politique et administratif. Même ici, certaines limites n'ont pu être franchies. 16,5 % de députés d'outre-mer au Parlement de Paris, c'est encore trop peu si l'on considère le rapport des populations ; mais c'est déjà trop sur le plan du fonctionnement des institutions françaises. Dans les votes importants, l'artibrage des parlementaires d'outre-mer peut faire pencher la balance et fausser l'expression de l'opinion publique... »

Chez beaucoup cette inquiétude se transformera évidemment en angoisse lorsque l'armée, devenue une armée coloniale, paraîtra menacer la démocratie.

On n'en est pas encore là, mais la masse perçoit de plus en plus les sacrifices que demande le maintien de l'Union. La crise de Suez en 1957 (incontestablement liée à la question algérienne) compromettra l'approvisionnement en essence et menacera la circulation routière. Surtout le rappel des disponibles permet de toucher du doigt l'existence de la guerre, et l'allongement à vingt-sept mois de la durée du service militaire (avril 1958) fera peser sur les jeunes une charge particulièrement lourde, en créant de plus des difficultés sur le marché du travail.

Si on ajoute à cela l'évolution de l'Eglise qui va renforcer l'opposition très active des intellectuels de gauche, surtout au moment de la guerre d'Algérie (campagne contre la torture), on comprend comment, les colonies paraissant responsables de tous les maux, on se résignera à les voir s'émanciper l'une après l'autre à la suite d'événements sanglants ou de tractations difficiles.

III. — Crises et première désagrégation

1. **L'Indochine.** — La formation à Hanoï de la République démocratique du Viêt-nam en septembre 1945 et la réoccupation de la Cochinchine par les troupes françaises à partir du mois d'octobre posent le problème de la coexistence des deux autorités. Il semble résolu par l'accord franco-vietnamien du 6 mars 1946 qui reconnaît le Viêt-nam comme un Etat libre faisant partie de la Fédération indochinoise et de l'Union française. La France allait-elle « partir sur la pointe des pieds » (P. Ramadier) ? En réalité les oppositions apparaissent dès qu'il s'agit de préciser le contenu des accords et ce sera l'échec de la Conférence de Fontainebleau durant l'été 1946 : les Vietnamiens désiraient acquérir une véritable indépendance nationale dans un pays groupant les trois Ky (Annam, Tonkin, Cochinchine), tandis que l'autorité française avait créé une République de Cochinchine et prétendait maintenir des liens de subordination. Au Tonkin, les incidents se multiplient entre troupes françaises et vietnamiennes et bientôt le conflit éclate : le 23 novembre, les Français bombardent Haïphong et le 19 décembre les Vietnamiens attaquent les quartiers européens de Hanoï. En cette fin d'année 1946, tous les partis en France étaient d'accord pour exiger une victoire militaire qu'on espérait rapide.

On crut la faciliter en créant, en face du gouvernement

d'Ho Chi-Minh, une autre autorité légale et on rétablit l'ancien souverain Bao-Daï après des accords signés dans la baie d'Along (5 juin 1948) par lesquels le Viêt-nam, devenu indépendant, adhérait à l'Union française en qualité d'Etat associé. Comme la Cochinchine faisait partie du nouvel Etat, on accordait ainsi à Bao-Daï à peu près ce qu'on avait refusé à Ho Chi-Minh. Des conventions étaient signées avec le Cambodge et le Laos qui devenaient aussi des Etats associés (1949). Mais, sur le plan militaire, la situation évoluait de manière défavorable : après la défaite de Cao Bang (1950), une partie du dispositif français au Tonkin s'était effondré et, en 1951, une frontière commune se constituait entre les forces du Viêt-minh et celles de la Chine communiste, laquelle devenait une base inépuisable de ravitaillement. Les Américains intervenaient pour soutenir la France financièrement. Le conflit prenait un caractère international et on ne parlait plus du maintien des Français en Indochine mais de lutte contre le communisme.

Au fil des années d'ailleurs, la Fédération indochinoise allait se dissociant : en 1953 le Laos, puis le Cambodge, obtenaient le transfert de diverses compétences et Bao-Daï déclarait ne pas reconnaître les textes de la Constitution relatifs à l'Union française (le titre VIII). Même sans la chute de Dien Bien Phu (7 mai 1954), la France aurait été évincée de l'Indochine. Par les accords de Genève (21 juillet 1954), elle reconnaît l'indépendance des Etats indochinois et s'engage à retirer ses troupes tandis qu'une ligne de démarcation, en principe provisoire, partageait le Viêt-nam en deux, de part et d'autre du 17e parallèle. Trois mois plus tard les couleurs françaises étaient descendues à Pondichéry après l'avoir été antérieurement dans les quatre autres comptoirs de l'Inde : simple péripétie qui passait à peu près inaperçue.

Terminée sur le terrain, la guerre d'Indochine allait continuer à peser, quoique de manière indirecte, sur la politique française. Les pertes militaires avaient été lourdes : 92 797 morts répartis officiellement en 20 685 Français, 11 620 légionnaires, 15 229 Africains et Nord-Africains et 45 263 autochtones. Il avait fallu notamment faire appel aux troupes d'Afrique du Nord, affaiblissant ainsi la défense de ce territoire sans parler de l'influence que pouvait exercer la propagande vietnamienne sur des « colonisés ». Surtout, l'armée a pris un état d'esprit nouveau et depuis 1951 on parle de son « malaise » : elle se sent méconnue, isolée, à l'écart de la nation ; elle accuse les politiciens de l'avoir conduite à la défaite et de l'avoir contrainte à abandonner des populations qu'elle avait promis de défendre. En mars 1954, le ministre de la Défense nationale écrira qu'il « craint qu'on en arrive à de véritables manifestations militaires... (L'armée) organisera peut-être un mouvement spectaculaire et le gouvernement cédera ». C'était anticiper de quatre ans seulement.

2. **L'Afrique noire et Madagascar.** — Appliquer la Constitution dans son esprit (selon le préambule proclamant « l'égalité des droits et des devoirs ») c'était aller au-devant d'une transformation révolutionnaire. On préféra s'en tenir au texte en retardant l'application des mesures sociales et l'organisation interne des territoires. Ces réticences, s'ajoutant aux difficultés de l'après-guerre (la montée des prix) et à la propagande anticolonialiste, provoquèrent des tensions qui, à Madagascar, aboutirent à une grave insurrection.

Dans la grande île s'était constitué un Parti nationaliste, le M.D.R.M. (Mouvement Démocratique de la Rénovation Malgache) qui exerçait une forte emprise sur la population et qu'on accusa d'avoir déclenché l'insurrection de mars 1947. Celle-ci s'étendit sur la côte est et fit de nombreuses victimes dont 140 Français. Une répression très sévère suivit (plus de 11 000 morts au total), le M.D.R.M. fut dissous et la passivité politique régna sans partage. En 1951, le ministre de la France d'outre-mer, F. Mitterrand, pouvait déclarer : « L'avenir de Madagascar est dans la République française. » Mais, malgré les progrès économiques réalisés, l'idée nationaliste n'était pas morte et se réfugiait notamment dans des partis modérés comme le Parti Social-Démocrate (P.S.D.) de Tsiranana.

Avec la formation en 1946 du Rassemblement Démocratique Africain (R.D.A.) présidé par Houphouët-Boigny, l'Afrique noire s'engageait aussi sur la voie de l'indépendance. Allié au Parti Communiste, le R.D.A. menait une campagne active avec grèves et manifestations dont une, en Côte-d'Ivoire, dégénéra et fit 13 morts (30 janvier 1950). On pouvait craindre le pire, comme à Madagascar, quand Houphouët-Boigny engagea son parti dans la voie de la collaboration loyale avec l'administration française en vue d'une amélioration progressive. Cependant, en 1953, les Indépendants d'Outre-Mer (I.O.M.), avec L. S. Senghor, lançaient l'idée d'une République fédérale africaine dans l'Union française.

Mais dans l'Union les événements se précipitaient : peu de mois après la perte de l'Indochine, c'était l'insurrection algérienne, et moins de deux ans plus tard le Maroc et la Tunisie obtenaient leur indépendance. L'Afrique noire elle-même était concernée puisque, en avril 1955, le Togo avait obtenu un statut de tutelle beaucoup plus libéral tandis qu'en mai de la même année l'Union Populaire Camerounaise avait déclenché une insurrection.

Il fallait désarmer les oppositions en montrant que la France ne reculait pas devant les réformes. Ce fut la *loi-cadre du 23 juin 1956*. Elle instituait le suffrage universel direct et le collège unique, créait dans chaque territoire une assemblée élue à pouvoirs délibérants et un conseil de gouvernement qui apparaissait comme un embryon d'exécutif local. Dans cette évolution non avouée vers le *self-government*, on pouvait se demander comment la République resterait « indivisible ». Pour les leaders africains qui avaient déjà choisi la forme fédérale, la question se posait autrement : il s'agissait d'opter entre une formule préconisée par Houphouët-Boigny et unissant la métropole à chacun des différents territoires ou une autre, à laquelle Senghor était favorable, établissant des liens entre la France et de grandes fédérations héritières de l'A.O.F. et de l'A.E.F. De liens d'ailleurs, il était de moins en moins question parmi ceux qui en mars 1958 décidaient, à Dakar, de créer le Parti du Regroupement Africain (P.R.A.) ou ceux qui, à Tamatave, au début de mai 1958, réunissaient le « Congrès de l'Indépendance » et fondaient le « Parti du Congrès ». L'Union française se mourait, et en portant le général de Gaulle au pouvoir, la révolution algéroise du 13 mai ne fera qu'accélérer le processus de décolonisation (le mot avait été lancé par H. Labouret en 1952).

3. **L'Afrique du Nord.** — Malgré la formation au Caire, le 9 décembre 1947, d'un « Comité de

Libération du Maghreb arabe », chacun des trois pays de l'Afrique du Nord française va évoluer dans un cadre différent suivant ses caractères propres.

En *Tunisie*, le bey Moncef destitué (et en résidence à Pau) était devenu le symbole de l'opposition à la France et son exil n'avait pas mis fin à l'action nationaliste. Celle-ci se manifeste par la formation, en 1946, d'un « Front National Tunisien » (tous les opposants y compris les communistes) qui, dans un congrès, prétend proclamer l'indépendance totale de la Tunisie. En vain le résident socialiste Jean Mons entreprend-il une politique de réformes : elle échoue. Les revendications prennent une forme plus précise et plus réaliste avec Bourguiba que la mort du bey Moncef en 1948 a mis au premier plan et qui, autorisé à rentrer en Tunisie en 1949, va s'efforcer d'aboutir en lançant une négociation à Paris. La cause paraît gagnée lorsque Robert Schuman, ministre des Affaires étrangères du gouvernement Bidault, déclare le 10 juin 1950 que le nouveau résident, M. Périllier, « aura pour mission de comprendre et de conduire la Tunisie vers le plein épanouissement de ses richesses et de l'amener vers l'indépendance qui est l'objectif de tous les territoires au sein de l'Union française ». Le mot avait sans doute dépassé l'intention du ministre mais il fut pris au sérieux par les nationalistes qui considérèrent comme très insuffisantes les réformes proposées ensuite. Dès 1951, le bey affirmera que le peuple tunisien avait « acquis le droit de respirer l'air de la liberté... dans le cadre de la souveraineté nationale intégrale » et, en janvier 1952, pour la première fois, deux ministres tunisiens faisaient appel à l'O.N.U. Pris entre ces positions qui étaient celles du Néo-Destour et le refus de toutes réformes exprimé par le Rassemblement Français de Tunisie, le gouvernement français essaya de faire accepter le principe de la cosouveraineté. On aboutit à un échec, marqué par l'alternance des mesures de répression et des négociations avec développement du terrorisme et du contre-terrorisme puis apparition, dans les campagnes, de bandes armées de *fellagha* (brigands, rebelles). L'acte décisif fut la déclaration faite à Tunis le 31 juillet 1954 par le président Mendès-France, affirmant que « l'autonomie interne de l'Etat tunisien est reconnue et proclamée sans arrière-pensée par le gouvernement français ». Les négociations, longues et difficiles, auront pour terme les conventions du 3 juin 1955 qui consacraient cette autonomie en garantissant les droits des Français de Tunisie. Régime éphémère car, le Maroc ayant obtenu son indépendance, la Tunisie réclama un traitement égal et obtint satisfaction le 20 mars 1956.

Plus encore qu'en Tunisie, le souverain deviendra au *Maroc* le centre de l'action nationaliste et, comme la politique française lui procurera l'auréole du martyr et qu'il n'y aura pas de leader aussi rayonnant que Bourguiba, la monarchie sortira renforcée de son épreuve de force contre la résidence. C'est le 10 avril 1947, à Tanger, que Sidi Mohammed fit son premier grand éclat en omettant dans son discours la phrase par laquelle il aurait dû rendre hommage à la France. Il en coûta son poste au résident Eirik Labonne qui, dans un esprit libéral, avait entrepris une œuvre de rénovation économique du Maroc. Le général Juin lui succède et les rapports sont rapidement tendus, le nouveau résident voulant faire accepter au sultan un programme de réformes administratives qui aurait abouti à un système de cosouveraineté franco-marocain. Sidi Mohammed s'y refusant, le général Juin, fort d'instructions qui lui laissaient une grande latitude, favorisa un mouvement hostile à la politique de l'Istiqlal et du souverain et il en résulta une marche de tribus berbères sur Fès et Rabat (1951). Le sultan céda, mais le conflit devait renaître avec le successeur de Juin, le général Guillaume, et à l'automne de 1951 la question marocaine était portée à l'ordre du jour de l'O.N.U. Le gouvernement français ne réussit pas à définir une politique ; il sembla progressivement débordé par l'action du pacha de Marrakech, El-Glaoui, et de certains fonctionnaires de la résidence. Une nouvelle marche des tribus aboutit à la déposition du sultan le 20 août 1953. Dès ce jour il bénéficia d'un véritable mythe et devint un personnage légendaire tandis que le terrorisme (œuvre surtout de jeunes des classes moyennes) et le contre-terrorisme (recrutant notamment dans les classes populaires européennes) prenaient une extension considérable. Il fallut céder et l'évolution fut rapide. Alors que le gouvernement et le Président de la République affirmaient (encore en septembre et octobre 1955) que le sultan déchu ne reviendrait jamais, le 6 novembre 1955, par la déclaration de La Celle-Saint-Cloud, Sidi Mohammed Ben Youssef était reconnu souverain d'un « Etat indépendant uni à la France par les liens permanents d'une interdépendance librement consentie et définie ». Le 16 novembre, le sultan rentrait au milieu d'un enthousiasme délirant et le 2 mars 1956 l'indépendance officielle du Maroc était proclamée.

Pour l'*Algérie*, dans les années de l'immédiat après-guerre, le fait essentiel est le vote du statut de 1947 débattu devant une Assemblée parfois très clairsemée (une quarantaine de députés), car, au Parlement, « l'intérêt n'y est pas » *(Année politique)*. Au contraire les Algériens, musulmans et non-musulmans, s'étaient passionnés pour ce statut qui devait les mécontenter également, les premiers le trouvant très insuffisant et les seconds dangereux pour l'avenir de l'Algérie française. Il s'agissait, en réalité, d'un compromis, non sans mérites, entre le désir d'indépendance des uns et les aspirations à l'intégration des autres, entre les intérêts des Indigènes et ceux des Français d'Algérie. Celle-ci était définie comme « un groupe de départements dotés de la personnalité civile, de l'autonomie financière et d'une organisation particulière ». A côté du Gouverneur général responsable devant le gouvernement, l'organe essentiel était l'Assemblée algérienne formée de 120 délégués élus en nombre égal par deux collèges, l'un groupant tous les Européens et une minorité de Musulmans, l'autre composé uniquement de Musulmans ; à sa compétence budgétaire, l'Assemblée ajoutait le droit d'examiner certaines lois non applicables de plein droit à l'Algérie. Plusieurs questions étaient soumises à ses futures délibérations : le vote des femmes musulmanes, la réorganisation des territoires du Sud et des collectivités locales, la suppression des communes mixtes, l'indépendance du culte musulman, l'enseignement de l'arabe. Or, aucune solution n'était apportée à ces problèmes et si l'opposition au sein de l'Assemblée demeurait faible c'est, en grande partie, parce que l'administration contrôlait les élections. De plus, le développement économique incontestable ne pouvait suivre la croissance démographique (environ 200 000 individus par an) et le non-emploi favorisait l'action nationaliste.

Celle-ci était menée par des organisations légales : le P.C.A. (Parti Communiste Algérien), les Ouléma (réformistes religieux), l'U.D.M.A. (Union Démocratique du Manifeste Algérien, de Ferhat Abbas) et le M.T.L.D. (Mouvement pour le Triomphe des Libertés Démocratiques, de Messali). Mais c'est l'action clandestine qui sera décisive : tandis que les messalistes se divisaient, un petit groupe de nationalistes, constituant le C.R.U.A. (Comité Révolutionnaire d'Unité et d'Action), déclenchait l'insurrection le 1er novembre 1954 et la plaçait sous l'égide du Front de Libération Nationale (F.L.N.)

qui, dès le premier jour, demande la reconnaissance de la nationalité algérienne.

Grâce à sa combativité, à une organisation de plus en plus poussée, au caractère impitoyable des sanctions prises contre ceux qui lui désobéissaient ou prétendaient mener une action indépendante (le Mouvement National Algérien de Messali), à l'extension du terrorisme dans les campagnes puis dans les villes, au soutien des pays arabes (d'abord l'Egypte, puis le Maroc et la Tunisie), le F.L.N. s'implante solidement, dans l'Est algérien essentiellement, et étend son audience auprès de la masse puis de l'élite musulmane : dès septembre 1955, un groupe de 61 élus affirme que « la grande majorité de la population adhère maintenant à l'idée nationale algérienne » et, en avril 1956, Ferhat Abbas rejoindra le F.L.N.

D'abord hésitante, la riposte militaire française s'affirme ensuite avec l'établissement d'un « quadrillage » de plus en plus dense (plus de 400 000 hommes dont une partie de supplétifs musulmans), la construction aux frontières est et ouest de barrages électrifiés qui se montreront très efficaces, la lutte victorieuse contre le terrorisme urbain (la « bataille d'Alger » de janvier à octobre 1957) au prix de méthodes qui renforcèrent en France la campagne contre la torture. Mais le succès le plus durable fut remporté au Sahara où le pétrole avait jailli en 1956 et qui, vu son importance économique et stratégique, constituait depuis janvier 1957, avec les territoires du Tchad, du Niger et du Soudan, l'« Organisation Commune des Régions Sahariennes » (O.C.R.S.), placée sous l'autorité d'un ministre du Sahara. En septembre 1957, les rebelles essayèrent en vain de s'établir dans les palmeraies de la Saoura, du Gourara et de Ouargla : le désert échappait définitivement à leur action. Cela compensait l'échec de l'expédition de Suez (novembre 1956) de laquelle certains attendaient la chute de Nasser et, par suite, un affaiblissement considérable de l'insurrection algérienne.

Le gouvernement voulut mener en même temps une politique de réformes qu'essayèrent de réaliser le gouverneur Jacques Soustelle et le ministre résidant Robert Lacoste : développement de la scolarisation, mesures pour faciliter l'accession des Musulmans à la fonction publique, un début de réforme agraire, des améliorations administratives et un nouveau statut (qui ne pourra être appliqué) sous la forme de la loi-cadre, votée le 31 janvier 1958, qui reconnaissait la « personnalité algérienne », divisait le territoire en cinq régions et prévoyait des institutions fédératives. Le moyen d'action dans les campagnes était constitué par les Sections Administratives Spécialisées (S.A.S.) qui s'inscrivaient dans la ligne des Bureaux arabes. Le résultat fut d'empêcher la masse de basculer vers la rébellion, mais de plus en plus il apparaissait que toute solution de compromis était impossible car le contre-terrorisme répondait au terrorisme et, dans leur ensemble, les deux communautés étaient irréductiblement dressées l'une contre l'autre. En Algérie, l'armée devenait le véritable pouvoir et si elle ne fit pas la « révolution du 13 mai », c'est elle qui en prit la direction et c'est son commandant en chef, le général Salan qui, en criant : « Vive le général de Gaulle ! », déclencha le processus qui mit fin à la IVe République et amena l'Assemblée nationale à investir le général de Gaulle le 1er juin 1958, en lui conférant les pleins pouvoirs. Une nouvelle période d'histoire commençait pour la France et pour ce qui restait de son Empire.

Chapitre V

LA COMMUNAUTÉ (1958-1960)

Avec la Ve République, le processus de décolonisation va s'accentuer et les événements d'Afrique noire et ceux d'Algérie ont une répercussion les uns sur les autres. Cependant, ils constituent deux domaines différents ayant chacun leur dynamique propre et leurs caractères particuliers, ne serait-ce qu'à cause de la paix presque générale dans un cas et de la guerre permanente dans l'autre. C'est pourquoi ce chapitre sera réservé à l'Afrique noire (avec Madagascar) et le suivant aux dernières années de la guerre d'Algérie.

Lorsque le général de Gaulle arrive au pouvoir, il existe une distorsion croissante dans les conceptions politiques entre la métropole et les territoires de l'Afrique noire. Pour ces derniers, la loi-cadre n'a été qu'une péripétie : elle ne prévoyait pas l'organisation d'une fédération (impossible d'ailleurs dans le cadre de la Constitution de 1946) et, dès 1957, les leaders africains parlaient de fédéralisme égalitaire puis de droit à l'indépendance et de confédération. En France, si on parlait beaucoup des réformes, en réalité l'évolution des idées se traduisait par le renforcement des courants extrêmes : l'un, fidèle à la République unitaire et hostile à un véritable fédéralisme ; l'autre prêt à tout céder par idéal politique, souci d'économie (le « cartiérisme ») ou visées néo-colonialistes (les « libéraux d'affaires »).

En moins de trois ans, une évolution précipitée va donner naissance à une Communauté puis l'effacer après avoir prétendu la rénover alors que la désagrégation s'achevait. Dans cette courte période, des étapes sont ainsi perceptibles marquant la naissance (juin-septembre 1958), l'organisation (octobre 1958-septembre 1959), la transformation (septembre 1959-juin 1960) et la fin (juin 1960-mai 1961) de cette Communauté qu'on avait crue « efficace et solide » (G. Néra).

I. — La naissance de la Communauté

Elle se trouvait liée à la préparation de la nouvelle Constitution que la France attendait et qui devait notamment apporter une solution aux rapports entre la métropole et les territoires d'outre-mer.

1. **Préparation de la Constitution.** — L'avant-projet gouvernemental s'en tenait à un système fédéral limité (on a parlé de « fédéralisme léger ») qui ne pouvait satisfaire les Africains siégeant au Comité constitutionnel consultatif et militant pour une confédération avec possibilité d'indépendance. C'était la position adoptée par le Premier Congrès du Parti du Regroupement Africain à Cotonou en juillet 1958 : la motion finale avait lancé « le mot d'ordre d'indépendance immédiate » et réclamé « la négociation avec la France d'une confédération multinationale », après des débats violents et des outrances de langage sur le régime abject de l'occupant et ses meurtres, avec exaltation de Béhanzin, El Hadj Omar et Samory.

Pour ne pas avoir à choisir entre les termes de Fédération et de Confédération, et sans doute aussi entre ce qu'ils représentaient, on adopta celui de Communauté, sur proposition du député de Madagascar, le futur président Tsiranana. Le général de Gaulle appuya le choix de ce terme et, avant de partir pour l'Afrique, approuva l'essentiel du projet en précisant devant le Comité que le référendum aurait pour objet « de vérifier si partout, en particulier en Afrique, l'idée de sécession l'emportait ou non ».

En Afrique noire, le général de Gaulle était populaire et on avait même vu naître, dans le Haut-Congo puis au Gabon, le culte de Ngol tandis que, issue du mouvement amicaliste (p. 26), une « église » présentait des chapelles s'ornementant de la croix de Lorraine et d'une nouvelle Trinité : le Christ entouré du général de Gaulle et de l'ancien sous-officier André Matswa. Mais, pour faire adopter la Communauté, il s'agissait surtout de convaincre les élites et le chef du gouvernement français fit des déclarations promettant l'indépendance tout en soulignant la nécessité de « grands ensembles économiques, politiques, culturels et, au besoin, de grands ensembles de défense ». Comme il le dira à son retour, le but était de « construire un Etat fédéral moderne sur la base de l'acceptation spontanée des peuples d'outre-mer et de la France ». L'accueil fut enthousiaste à Tananarive et à Brazzaville, délirant à Abidjan. A Conakry, la foule se montra chaleureuse, mais le chef du gouvernement, Sékou Touré, déclara sans ambages préférer « la pauvreté dans la liberté à la richesse dans l'esclavage » et ne pas vouloir renoncer au « droit légitime à l'indépendance ». Dans une ambiance houleuse, à Dakar, le général de Gaulle précisa : « Nous ne contraignons personne. Nous demandons qu'on nous dise oui ou qu'on nous dise non. Si on nous dit non nous en tirerons les conséquences... »

Les résultats du référendum du 28 septembre furent conformes aux prévisions. Seule, à l'appel de son leader, la Guinée repoussa la Constitution avec 95 % de non. Partout ailleurs le pourcentage des oui dépassa 90 % (sauf au Niger, 78 %) pour atteindre 99,9 % en Côte-d'Ivoire ! En métropole, l'approbation atteignait 78 % des suffrages exprimés mais il serait difficile de dire de quel poids (sans doute très léger) avaient été les articles concernant l'édification de la future Communauté. En Afrique même, la victoire massive du camp des oui n'était pas sans ambiguïté. A côté d'un oui franc comme celui d'Houphouët-Boigny, qui sera le principal défenseur de la Communauté, il y avait beaucoup de « oui, mais » et un chef aussi influent que L. S. Senghor précisait qu'il s'agissait d' « un Oui à l'indépendance africaine dans l'unité retrouvée. La Communauté n'est pour nous, ajoutait-il, qu'un passage et un moyen, notamment celui de nous préparer à l'indépendance à la manière des territoires sous dépendance britannique ». Dans ce cas on pouvait parler du « purgatoire de la Communauté » (Gonidec). L'évolution n'était donc pas terminée et les textes d'ailleurs le prévoyaient.

2. **La Constitution de 1958.** — La Communauté tenait une grande place dans le préambule, qui définissait les principes, et son organisation faisait l'objet des titres XI et XII, soit au total 17 articles sur les 92 de la Constitution.

Après avoir proclamé l'attachement du peuple français aux droits de l'homme et aux principes de la souveraineté nationale, le préambule ajoutait :

> « En vertu de ces principes et de celui de la libre détermination des peuples, la République offre aux territoires d'outre-mer qui manifestent la volonté d'y adhérer, des institutions

nouvelles fondées sur l'idéal commun de liberté, d'égalité et de fraternité et conçues en vue de leur évolution démocratique. »

Et l'article premier précisait :

« La République et les peuples des territoires d'outre-mer qui, par un acte de libre détermination, adoptent la présente Constitution, instituent une Communauté.

« La Communauté est fondée sur l'égalité et la solidarité des peuples qui la composent. »

L'Union française se trouvait donc abolie sans qu'on l'ait dit et la Communauté qui lui succédait n'était plus qualifiée de française.

Sans le spécifier nettement, la Constitution distinguait deux *domaines de compétence* : un domaine intérieur dans lequel chacun des membres exerçait le *self-government* (dans l'esprit de la loi-cadre de 1956 mais non des principes de Brazzaville en 1944) et le domaine de la Communauté comprenant « la politique étrangère, la défense, la monnaie, la politique économique et financière commune ainsi que la politique des matières premières stratégiques » avec, « en outre, sauf accord particulier, le contrôle de la justice, l'enseignement supérieur, l'organisation générale des transports extérieurs et communs et des télécommunications » (art. 78), domaine considérable dans la dépendance des divers *organes de la Communauté* dont les structures seront précisées par trois lois organiques du 19 décembre prises par voie d'ordonnance.

Le rôle essentiel appartient au Président qui est nécessairement celui de la République française, élu par un collège étendu totalisant près de 82 000 personnes (dont plus de 76 000 pour la métropole). Il assume la direction des affaires communes, préside le Conseil exécutif, désigne les ministres chargés des affaires communes, nomme le secrétaire général de la Communauté et les hauts-commissaires qui représentent le Président dans chaque Etat de la Communauté.

Le Conseil exécutif « est constitué par le Premier ministre de la République, les chefs du gouvernement de chacun des Etats membres de la Communauté et par les ministres chargés, pour la Communauté, des affaires communes ». Ayant pour objet d'organiser la coopération des membres de la Communauté, ses attributions étaient mal définies et il n'avait aucun pouvoir de décision.

Le Sénat de la Communauté « est composé de délégués que le Parlement de la République et les assemblées législatives des autres membres de la Communauté choisissent en leur sein » (il comprendra 186 délégués métropolitains et 98 délégués des Etats). Il avait la possibilité de délibérer sur de nombreuses questions (économiques, financières, accords internationaux), mais avec un rôle seulement consultatif et son œuvre essentielle sera l'élaboration de son règlement.

Quant à la Cour arbitrale composée de sept juges nommés pour six ans par le président de la Communauté, elle devait statuer sur les litiges pouvant survenir entre les divers membres et on pensait qu'une tradition pourrait s'y créer avec des juges ayant une solide expérience.

Le *caractère* de cette Constitution apparaît immédiatement. Comme l'Union française, la Communauté établissait la prépondérance de la métropole et il ne pouvait en être autrement étant donné la supériorité démographique et économique de la France. Il y avait bien des organes fédéraux, mais pas de véritable fédération et on a même pu écrire que la Communauté représentait le « dernier sursaut de la politique d'assimilation » (Ph. Decraene).

Cependant il existait une possibilité d'évolution.

Dans les quatre mois suivant la promulgation de la Constitution, les assemblées territoriales des territoires d'outre-mer devraient choisir entre le *statu quo*, la situation de département d'outre-mer de la République ou celle d'Etat membre de la Communauté. Par la suite, en vertu d'accords particuliers, un membre de la Communauté pourrait demander le transfert à son profit de compétences communes (art. 78) et l'article 86 prévoyait le changement de statut dans les termes suivants :

« La transformation du statut d'un Etat membre de la Communauté peut être demandée soit par la République, soit par une résolution de l'Assemblée législative de l'Etat intéressé confirmée par un référendum local...

« Dans les mêmes conditions, un Etat membre de la Communauté peut devenir indépendant. Il cesse, de ce fait, d'appartenir à la Communauté. »

Cette dernière disposition allait peser sérieusement sur l'évolution future.

II. — L'organisation de la Communauté

1. **La mise en place des institutions.** — Du 14 octobre au 18 décembre 1958, par la voie de leur assemblée territoriale, les territoires d'outre-mer se prononcèrent sur leur statut. Seuls cinq d'entre eux, les moins importants par leur population et leurs ressources, optèrent pour le *statu quo* qui les maintenait dans la dépendance étroite de la métropole : c'étaient la Côte française des Somalis, les Comores, la Nouvelle-Calédonie, la Polynésie, Saint-Pierre-et-Miquelon auxquels s'ajoutèrent par la suite les Terres australes et les îles Wallis et Futuna (plus, à part, les Nouvelles-Hébrides sous condominium franco-britannique depuis 1887). Tous les autres, avec d'énormes majorités et parfois l'unanimité, adoptèrent le statut d'Etat membre de la Communauté et celle-ci se trouva ainsi constituée par

treize républiques : la République française (avec ses dépendances d'outre-mer dont l'Algérie, et ses territoires d'outre-mer), la République malgache, la République centrafricaine, la République du Congo, la République de Côte-d'Ivoire, la République du Dahomey, la République gabonaise, la République de Haute-Volta, la République islamique de Mauritanie, la République du Niger, la République du Sénégal, la République soudanaise, la République du Tchad. On remarquera qu'aucun choix n'avait été offert aux départements d'outre-mer pour lesquels une évolution n'était pas prévue. On notera aussi que les territoires n'avaient pas utilisé la faculté de se grouper avant d'entrer dans la Communauté et c'est seulement ensuite que naîtra officiellement la Fédération du Mali unissant le Sénégal et le Soudan et dont l'existence sera d'ailleurs éphémère. Les grands ensembles rêvés par L. S. Senghor et susceptibles de succéder à l'A.O.F. et à l'A.E.F. n'ont jamais vu le jour

Le 8 janvier 1959 le général de Gaulle prenait ses fonctions de Président de la République et de la Communauté après avoir été élu, contre deux candidats de principe, avec 78,5 % des suffrages exprimés. Dès le 31 janvier, le Président désignait sept ministres chargés pour la Communauté des affaires communes et les 2 et 3 février le Conseil exécutif tenait ses premières réunions, déclarant le français langue officielle de la Communauté, choisissant comme hymne *La Marseillaise*, comme devise « Liberté, Egalité, Fraternité » et comme emblème le drapeau bleu-blanc-rouge. L'aide et la coopération s'organisaient avec la création du F.A.C. (Fonds d'Aide et de Coopération) qui devait remplacer le F.I.D.E.S. et combler les déficits budgétaires des nouvelles Républiques. Les 7 et 8 juillet, à Tananarive, le Conseil exécutif avait débattu d'importants problèmes : conception et moyens de la défense, question des transports, développement économique, coopération, organisation d'un enseignement supérieur (à Abidjan, Brazzaville, Tananarive), représentation diplomatique des nouveaux Etats.

Le 13 juillet, renouant avec la tradition, une immense retraite aux flambeaux relie la place de la République aux Champs-Elysées et annonce « la fête de la Fédération des nouveaux Etats-Unis franco-africains ». Le 14, c'est l'apothéose. Place de la Concorde a été dressée une immense tribune dans un décor fastueux. Les canons tonnent, l'orchestre et les choristes de l'Opéra exécutent des chants révolutionnaires dont l'*Hymne à l'Etre Suprême* et *La Marseillaise* dans l'orchestration de Berlioz. Solennellement, au pied de l'Obélisque, le général de Gaulle remet à chaque chef de gouvernement le drapeau tricolore où le fer de lance a été remplacé par un symbole nouveau : deux mains serrées (marquant la solidarité et l'entraide) à l'intérieur d'un cercle (signe d'union, d'alliance) de feuilles de chêne et de laurier (évoquant la puissance, l'autorité et la gloire). Suit un imposant défilé militaire qui dure deux heures et demie. La presse parlera du nouveau contrat consenti par 80 millions d'hommes et verra dans les chefs de gouvernement reçus à l'Elysée et entourant le Président, « le grand cercle de famille de la Communauté ».

Le 15 juillet, le général de Gaulle ouvre personnellement la séance inaugurale du Sénat de la Communauté, rendant hommage aux « efforts de tant d'administrateurs, de soldats, de missionnaires, d'instituteurs, de professeurs, d'ingénieurs, de techniciens » et déclarant : « Notre Communauté par le fait même qu'elle est ce qu'elle est et qu'elle dispose d'appréciables ressources, donne déjà un exemple pour le salut du genre humain. » Moins de trois mois plus tard, l'édifice commençait à se lézarder et il suffira d'une année pour l'effacer complètement.

2. **Les forces centrifuges.** — C'est que l'évolution de la Communauté s'effectuait dans un contexte peu favorable à tout ce qui pouvait paraître héritage colonial.

Il y avait tout d'abord l'*exemple des territoires sous tutelle*. Le Togo qui réclamait une véritable autonomie, hors du contrôle de l'O.N.U., était devenu une République le 1er septembre 1956, la France conservant toutefois la haute main sur la monnaie, les affaires extérieures et la défense. L'autonomie interne se renforçait par la suite et la procédure de « levée de tutelle » était engagée en accord avec la France. L'indépendance officielle ne sera cependant proclamée que le 27 avril 1960 sous l'égide de Sylvanus Olympio exprimant sa reconnaissance à l'égard des anciens colonisateurs. A ce moment, le Cameroun était indépendant depuis près de quatre mois (1er janvier 1960) car, si l'action insurrectionnelle avait échoué, dès 1957 le Territoire avait obtenu un statut d'autonomie interne et évolué vers l'indépendance tout en pratiquant une politique de coopération avec la France.

Le monde français subissait aussi l'influence de l'*évolution des colonies étrangères*. Bien que très divisée, la Nigeria avait fait accepter en 1957 le principe de son indépendance. Le 6 mars de la même année, la Gold Coast était devenue le Ghana, en incorporant le Togo sous tutelle anglaise, et son leader, Kwame Nkrumah, exerçait une influence profonde en Afrique, réunissant coup sur coup deux conférences africaines à Accra en 1958, au cours desquelles était adopté le mot d'ordre de « l'Afrique aux Africains » tandis qu'on s'en prenait à la Communauté et qu'on décidait de créer un secrétariat permanent pour libérer l'Afrique et travailler au développement de la solidarité africaine. Ajoutons qu'au début de 1959 l'indépendance avait été promise au Congo belge et qu'en 1959 également, la Somalie devait élire la Chambre chargée de préparer la Constitution de l'indépendance.

La *situation de la Guinée* donnait aussi à réfléchir. La rupture avec la France n'avait pas entraîné la catastrophe économique redoutée par tous les leaders africains et qui avait pesé dans la détermination de certains lors du référendum. On constatait que le nouvel Etat trouvait des appuis à l'extérieur, à l'est comme à l'ouest (il en résultera par la suite pas mal de déboires) et, en janvier 1959, on voyait que les rapports reprenaient avec la France, entraînant le règlement de problèmes financiers, techniques, culturels. Quels avantages apportait donc la Communauté ? Certes, la Guinée avait dû, pour survivre, adopter un régime autoritaire, mais cela n'était pas pour déplaire à tous les leaders africains.

Ceux-ci s'opposaient sur la *conception de la Communauté* et la lutte entre les deux tendances principales allait précipiter l'évolution. Pour les uns, avec Senghor et Modibo Keita notamment, il fallait créer une « fédération ouest-africaine » (on disait aussi une « nation négro-africaine de l'Ouest ») se plaçant dans le cadre de la Communauté qui deviendrait une Confédération. Pour les autres, avec Houphouët-Boigny, c'était là « un repli de l'Afrique sur elle-même la condamnant à la médiocrité, à la misère, à l'anarchie » et ils préconisaient une Communauté à laquelle chaque Etat adhérerait pour son propre compte et qui prendrait la forme stable d'une Fédération. Les premiers, en janvier 1959, prirent l'initiative de regrouper le Sénégal, le Soudan, la Haute-Volta et le Dahomey en un seul Etat qui serait le « Mali » ; mais la Haute-Volta et le Dahomey ayant fait rapidement défection, le Mali se réduisit au Sénégal et au Soudan, ce qui correspondait mieux à son nom. A cette initiative, Houphouët-Boigny répliqua par un projet qui sauvegardait la prérogative des Etats tout en travaillant à leur rapprochement : ce fut « l'Entente » (mai 1959), qualifiée parfois d' « Entente Sahel-Bénin », qui établissait une coopération économique avec un fonds de solidarité et à laquelle adhérèrent la Côte-d'Ivoire, la Haute-Volta, le Niger et le Dahomey. Ces rivalités ne pouvaient que menacer la solidité de la Communauté.

III. — L'évolution : « la Communauté rénovée »

Dès la 4e session du Conseil exécutif, à Tananarive, en juillet 1959, il était apparu que les partisans d'une Communauté de type confédéral, tels le Sénégalais Mamadou Dia et le Soudanais Modibo Keita, n'accepteraient pas le *statu quo* car ils réclamaient une indépendance plus grande avec pour chaque Etat une citoyenneté et une représentation diplomatique particulières. Il n'est pas impossible que certaines forces traditionnelles aient joué dans le même sens que les désirs ou conceptions des hommes politiques et des Africains font état du rôle d'un griot soudanais influent, soucieux de ne pas voir son maître, Modibo Keita, descendant du grand Soundiata Keita, laisser au petit-fils de Samory Touré l'honneur de prendre seul les responsabilités de l'indépendance.

Le processus de la transformation fut engagé le 28 septembre 1959 lorsque les dirigeants du Mali, que suivront par la suite ceux de Madagascar, demandèrent d'accéder à l'indépendance tout en affirmant vouloir demeurer dans la Communauté. Pour cela, ils invoquaient l'article 78 qui prévoyait le transfert des compétences, mais l'article 86 précisait que la proclamation de l'indépendance entraînait l'exclusion de la Communauté. Il fallait donc réviser la Constitution.

Avant d'entamer cette procédure, sans demander leur avis aux Etats de l'Entente ou aux Républiques d'Afrique équatoriale, la France entreprit de négocier des accords avec le Mali d'une part et la République malgache de l'autre, accords qui modifiaient profondément les rapports entre Etats et la structure même de la Communauté. En effet, désormais les relations seraient celles qui s'établissent entre Etats souverains et, en dehors de la coopération économique et culturelle, les liens communautaires se réduisaient essentiellement à la reconnaissance du Président de la République française comme Président de droit de la Communauté (sans participation des nouveaux Etats à son élection), à d'éventuelles réunions entre chefs d'Etat et de gouvernement (remplaçant le Conseil exécutif), à l'envoi de délégués à un Sénat interparlementaire consultatif, qui succéderait au Sénat de la Communauté, et à la cession de certaines bases militaires. Paraphés en mars 1960 ces accords furent communiqués au Conseil exécutif qui tint alors sa septième et dernière session à l'issue de laquelle on pouvait considérer que la Communauté avait vécu sans avoir eu le temps de fonctionner réellement. C'est ce qu'exprimait le président du gouvernement de la Côte-d'Ivoire, Houphouët-Boigny, lorsqu'il disait : « Nous sommes dans l'attente de ce qui va arriver. Mais les structures de la Communauté n'ont même pas été étudiées que déjà on les tient pour mortes sans savoir par quoi on va les remplacer. »

Cependant, dans les jours qui suivaient, on parlait de « Communauté contractuelle » et de « Communauté rénovée ». Cette dernière expression sera employée officiellement au cours des débats qui s'ouvriront à l'Assemblée nationale le 10 mai et sur la légalité desquels on devait beaucoup discuter, le Conseil d'Etat ayant donné un avis défavorable quant à la procédure utilisée pour la révision constitutionnelle (vote du Parlement puis du Sénat de la Communauté sans référendum ou convocation du Parlement en Congrès) et certains protestant contre la politique du fait accompli puisque les accords étaient signés avant la révision. Les représentants du gouvernement insistent sur le caractère libéral et confédéral des nouvelles structures ; la loi du 4 juin 1960 entérine la révision de la Constitution dans un texte qui sera inséré dans l'article 86 et stipulant :

« Un Etat membre de la Communauté peut également, par voie d'accords, devenir indépendant sans cesser de ce fait d'appartenir à la Communauté.

« Un Etat indépendant non membre de la Communauté peut, par voie d'accords, adhérer à la Communauté sans cesser d'être indépendant.

« La situation de ces Etats au sein de la Communauté est déterminée par les accords conclus à cet effet... »

IV. — La fin de la Communauté

Jamais sans doute une évolution politique n'a aussi vite démenti les affirmations des hommes d'Etat et trompé leurs espérances. Le 10 mai 1960, à l'Assemblée nationale, le secrétaire d'Etat aux relations avec les Etats de la Communauté, Jean Foyer, rendait hommage aux Etats (autres que la Fédération du Mali et la République malgache) qui avaient accepté le statut de 1958 « avec la volonté de l'appliquer d'une manière durable, préférant leur développement économique et la promotion sociale de leurs populations à la poursuite des compétences de la souveraineté extérieure ». Peu après, au cours du même débat, le Premier Ministre, Michel Debré, évoquant aussi les revendications du Mali et de Madagascar, affirmait « que les Etats qui n'ont pas opté pour la même évolution s'entendent d'avance pour demeurer avec nous dans une Communauté à la fois maintenue et renouvelée ». Or la loi en discussion était à peine votée depuis quelques heures (et non encore signée par le Président de la République et le Premier Ministre) que les quatre Etats de l'Entente réclamaient leur indépendance. C'était alors la cascade des transferts de compétences, des accords de coopération et des admissions à l'O.N.U. dont les dates sont indiquées dans le tableau ci-contre que nous empruntons à Henri Grimal.

Le cas des Etats du Conseil de l'Entente (Côte-d'Ivoire, Dahomey, Haute-Volta et Niger) mérite de retenir l'attention. Sous la conduite d'Houphouët-Boigny, ils avaient été les plus fermes défenseurs de la première Communauté à laquelle ils auraient voulu faire acquérir une structure fédérale stable. Déçus de voir la solution de l'indépendance

Etats sous tutelle :	*Transfert des compétences de la Communauté*	*Proclamation de l'indépendance*	*Accords de coopération*	*Admission à l'O.N.U.*
Cameroun		1- 1-60	13-11-60	13-11-60
Togo		27- 4-60		20- 8-60
A.O.F. :				
Guinée		30- 9-58		12-12-58
Sénégal	4- 4-60	20- 6-60	22- 6-60	28- 9-60
Mali (Soudan) .	4- 4-60	20- 6-60	2- 2-62	28- 9-60
Côte-d'Ivoire ..	11- 7-60	7- 8-60	24- 4-61	20- 9-60
Dahomey	11- 7-60	1- 8-60	24- 4-61	20- 9-60
Haute-Volta....	11- 7-60	5- 8-60	24- 4-61	20- 9-60
Niger	11- 7-60	3- 8-60	24- 4-61	20- 9-60
Mauritanie	19-10-60	28-11-60	19- 6-61	27-10-61
A.E.F. :				
Rép. centrafricaine	12- 7-60	13- 8-60	24- 4-61	20- 9-60
Congo - Brazzaville	12- 7-60	15- 8-60	15- 8-60	20- 9-60
Gabon	15- 7-60	17- 8-60	17- 8-60	20- 9-60
Tchad	12- 7-60	11- 8-60	11- 8-60	20- 9-60
Madagascar	2- 4-60	26- 6-60	27- 6-60	20- 9-60

l'emporter, ils adoptèrent une position plus radicale que les autres Etats et demandèrent le transfert des compétences sans aucune référence à la Communauté, n'acceptant d'engager des négociations en vue d'accords de coopération qu'après la reconnaissance de leur indépendance et leur admission à l'O.N.U.

Comme pour donner raison à ceux qui disaient que la Communauté était « un régime de révision permanente » (G. Bidault) et qu'elle paraissait « se défaire au fur et à mesure de son élaboration » (M. Lejeune), la Fédération malienne, restée dans la Communauté rénovée, éclatait le 20 août et, le 22 septembre, le Soudan (qui conservait l'appellation de Mali), accusant la France d'avoir favorisé la scission de la Fédération, se retirait de la Communauté avant d'exiger le départ des dernières garnisons françaises.

A la fin de l'année 1960, les anciens territoires de l'Afrique française avaient donné naissance à quatorze républiques, plus la République malgache. Mais seuls, avec la France, appartenaient à la nouvelle Communauté : Madagascar, le Sénégal et les quatre Etats de l'ancienne A.E.F. (Tchad, République centrafricaine, Congo, Gabon). Les liens entre eux étaient des plus ténus, peut-être parce qu'il s'agissait de « liens de soie », se résumant, pour l'essentiel, au point de vue organique, à la reconnaissance d'un même président auquel devait s'ajouter un « Sénat interparlementaire consultatif composé de délégués des Assemblées législatives des Etats de la Communauté ». En réalité la Communauté était morte et, comme pour le montrer, les drapeaux des Etats de la Communauté sont absents au défilé du 14 juillet 1960 (on dira qu'ils n'avaient pas été commandés assez tôt).

On peut même écrire qu'il s'agissait d'une double mort. D'abord celle de la Communauté de 1958 qui voyait disparaître ses organes presque clandestinement. En mars 1961, le général de Gaulle donne acte à M. Monnerville, président du Sénat de la Communauté, que cette assemblée doit être considérée comme dissoute et les sénateurs de la Communauté représentant la République française recevront une lettre leur apprenant que leur mandat a pris fin. En juillet, tout aussi discrètement, disparaîtra la Cour arbitrale de la Communauté, son président et ses membres démissionnant en invoquant comme motif que : « Les circonstances n'ont pas permis à la Cour de remplir le rôle que lui assignait la Constitution » (elle n'avait jamais siégé ni même rédigé son règlement intérieur).

Quant à la « Communauté rénovée » qui aurait dû succéder à la première, ce fut dans tous les domaines une mort-née que personne ne prit au sérieux sauf, peut-être, quelques membres du gouvernement français. Aucun Etat n'envoya jamais un représentant au Sénat interparlementaire pour lequel cependant la sollicitude française avait inscrit des crédits provisionnels dans le budget de 1961 ! Dès août 1960, M. Houphouët-Boigny pouvait dire : « La Communauté rénovée ? Je ne sais pas exactement ce que ce terme signifie. Je n'en connais pas les bases juridiques » et, en mars 1961, M. Mamadou Dia, chef du gouvernement sénégalais, déclarera : « Le fait d'être ou ne pas être de la Communauté est une querelle de mots aujourd'hui dépassée. » L'échec était brutal. Restait à le transformer en une politique de grandeur généreuse et de décolonisation souhaitée. Les jours et les hommes s'en chargeront.

Les faits, d'apparence secondaire, sont aussi éloquents. Le 18 mai 1961, le secrétaire d'Etat à la Communauté quitte ses fonctions et devient ministre de la Coopération, changement qui montrait que, dans l'histoire française outre-mer, une période était révolue et qu'une autre commençait. Cependant, en même temps, le secrétaire général à la Communauté devenait secrétaire général à la présidence de la République « pour la Communauté et les affaires africaines et malgaches » ; le mot demeurait ; il demeurera jusqu'en 1972 et les textes relatifs à la Communauté sont toujours partie intégrante de notre Constitution.

Chapitre VI

L'INDÉPENDANCE DE L'ALGÉRIE (1958-1962)

Encore en septembre 1957, « au Palais-Bourbon, la question des prix agricoles est considérée comme ayant priorité sur l'Algérie » (L. Terrenoire), mais les événements de mai 1958 ont placé les départements algériens au premier plan et, pendant quatre ans, ils ne quitteront plus le devant de la scène. Au lieu de la solution rapide que certains escomptaient, on assiste à une dégradation progressive de la situation au milieu de contradictions nombreuses et à la suite de péripéties tragiques. Au centre, la personnalité du général de Gaulle, commandant en grande partie l'évolution et dont il faut essayer d'abord de comprendre la politique.

I. — La politique du général de Gaulle

Il ne semble pas que le général de Gaulle ait considéré, dès le début, l'indépendance totale de l'Algérie comme inévitable. Les faits montrent qu'avant de l'accepter il a essayé au moins deux autres politiques : celle de la « paix des braves » (autrement dit du pardon ou de l'oubli assorti d'un *modus vivendi* acceptable pour tous) encore formulée à la fin d'avril 1959, et surtout celle de la troisième force qui devait faire surgir, entre les extrémistes des deux bords, un interlocuteur valable susceptible de se rallier à une solution de type fédéral ou, tout au moins, à une « association étroite » sauvegardant les intérêts essentiels de la France et notamment, sans doute, ceux que le pétrole avait fait jaillir au Sahara. L'échec de cette double tentative paraît avoir été déterminant, mais il ne suffit pas à expliquer une évolution allant à l'encontre d'affirmations catégoriques contre l'éventualité d'un abandon ou de négociations avec le seul F.L.N. D'autres considérations sont intervenues.

Certainement pas la crainte d'une défaite militaire. L'armée n'a jamais été vaincue et à aucun moment le F.L.N. n'a pu proclamer sa souveraineté sur un coin quelconque du territoire algérien. On constate même que la phase du dégagement va s'amorcer alors que la situation militaire est la meilleure : en décembre 1960, le général de Gaulle déclarera : « Non seulement il n'y aura pas échec militaire de la France, mais il y a, sans doute, un succès militaire de l'armée française en Algérie. Cela est clair et net et on ne reviendra plus jamais là-dessus. » Et, sous une autre forme, ces affirmations seront renouvelées en avril 1961.

Cependant, divers facteurs ont pesé de plus en plus et, en premier lieu, les conditions de la politique extérieure qui ont peut-être joué un rôle essentiel. Par suite de la guerre d'Algérie, la place de la France dans le monde se trouvait amoindrie (elle était attaquée à l'O.N.U. et perdait de son prestige dans le Tiers Monde) tandis que sa liberté d'action était considérablement diminuée. Or, pour le général de Gaulle, « la France doit avoir les mains libres là où sont engagées les destinées de la planète et en

Europe d'abord » (L. Terrenoire). Pour lui, contrairement à ce que pensait l'armée (d'où le conflit), l'Algérie n'était pas le problème fondamental et quasiment unique, mais « une variable parmi d'autres dans l'algèbre des affaires internationales », « un conflit périphérique qu'il fallait liquider » (A. Kelly). N'oublions pas aussi que la guerre d'Algérie se développe dans le contexte général de l'évolution de l'Union française, puis de la Communauté : en deux ans tous les territoires de l'Afrique noire vont être conduits à l'indépendance et, en 1958, il y a déjà deux ans également que le Maroc et la Tunisie se sont libérés des contraintes du protectorat. Malgré un statut juridique très différent, l'Algérie, « l'oiseau aux ailes coupées » (G. Bidault), ne pouvait pas éviter le contrecoup de ces événements.

A cela s'ajouteront des considérations intérieures découlant de la politique d'intégration préconisée par le gouverneur Jacques Soustelle et à laquelle le général de Gaulle sera toujours hostile, sans doute parce qu'il en mesura vite les difficultés et les conséquences révolutionnaires. Qu'est-ce que, en effet, l'intégration ? C'est une erreur d'y voir « la vieille politique d'assimilation rebaptisée » (Ch.-R. Ageron) et, exposant ses idées, Soustelle précisait bien que « l'assimilation n'est plus possible » parce qu'elle suppose l'absorption de l'individu indigène ou tout au moins son identification à la Communauté métropolitaine tandis que l'intégration « implique le respect de l'originalité religieuse, culturelle et linguistique de l'Algérie ». C'était, si l'on veut, la naturalisation dans le statut sortant du cadre formel qui était le sien depuis la loi du 7 mai 1946 pour entrer en application. Il devait en résulter des répercussions considérables. Au point de vue financier, économique et social, cela équivalait à la fusion totale entre les départements des deux côtés de la Méditerranée, c'est-à-dire, pour l'Algérie, à la suppression du budget autonome, à une élévation substantielle des salaires, à l'application identique des lois sociales et, en particulier, à l'attribution des mêmes allocations familiales qu'en métropole dans un pays à démographie galopante ; donc des charges énormes que le pétrole même n'aurait pu que partiellement compenser et cela à l'époque du « cartiérisme » (l'idéal évidemment eût été de lâcher l'Algérie en gardant le Sahara et on y songea sans doute en 1961). Au point de vue politique, c'était l'abolition de l'Assemblée algérienne et du gouvernement général, les élections au collège unique et, à l'Assemblée nationale, le rapport des populations étant de 1 à 4,5, plus de cent députés d'Algérie, dont environ 90 musulmans, pour 465 métropolitains (l'ordonnance du 7-11-1958 accordera 71 députés à l'Algérie) et bientôt davantage à cause de la différence (du simple au quadruple) entre les taux d'accroissement démographiques.

Si ces considérations arithmétiques ne furent certainement pas décisives dans l'esprit du général de Gaulle, on peut penser qu'elles ne furent cependant point négligeables, et, en tout cas, elles contribuèrent à faire évoluer dans son sens certains secteurs de l'opinion métropolitaine qui perçurent les charges et les dangers de la politique d'intégration, ce « verrou de peu de sûreté » (P. Beyssade). Alors que les Français d'Algérie jusqu'alors farouchement hostiles au collège unique se rallieront dans leur ensemble (certains y seront toujours opposés) à l'intégration parce qu'ils y voyaient une sauvegarde dans l'immédiat et, pour l'avenir, un moindre mal puisque, en tant qu'Européens, ils restaient majoritaires grâce aux métropolitains, ceux-ci, jadis très portés à l'assimilation, commençaient à éprouver, quant à l'exercice de leur souveraineté notamment, les inquiétudes qui avaient été celles des « colons » depuis le jour où on avait parlé de représentation des indigènes. A la crainte d'Herriot de voir la France devenir un jour « la colonie de ses colonies » se substituait celle, plus précise, de donner à l'Algérie un poids déterminant dans les affaires françaises.

Ainsi, progressivement, il allait apparaître que la politique du général de Gaulle n'était pas celle qu'attendaient ceux dont l'action l'avait porté au pouvoir. D'abord se manifestera l'hostilité des Européens d'Algérie qui aboutira à la révolte dite des barricades (janvier 1960), puis passera au premier plan le conflit avec l'armée dont le point culminant sera le putsch des généraux (avril 1961). Par la suite, l'opposition conjuguée des éléments les plus déterminés des civils et des militaires dans l'O.A.S. (Organisation de l'Armée Secrète) n'empêchera pas les accords d'Evian et l'indépendance de l'Algérie.

II. — Vers la révolte des civils (juin 1958-février 1960)

Dans les journées qui suivirent le 13 mai eurent lieu, à Alger notamment, d'impressionnantes manifestations prenant le caractère de fraternisation entre les deux communautés. Si elles durent beaucoup aux services psychologiques de l'armée, il est certain qu'elles décontenancèrent le F.L.N. au point que le terrorisme cessa presque complètement malgré des circonstances très favorables ; « les nationalistes algériens étaient paralysés et déséquilibrés par cette extraordinaire explosion d'enthousiasme et de passion » (A. Kelly). On put croire qu'un climat nouveau préludait à une politique nouvelle.

Accueilli avec enthousiasme à Alger, le 4 juin, le général de Gaulle prononce un discours ayant un double caractère : d'abord une coloration « intégriste » (tous les Algériens sont « des Français à part entière » votant dans un seul collège) qui sera accrue par les déclarations faites à Oran et à Mostaganem ; ensuite un appel à la réconciliation, anticipant sur la « paix des braves » qui sera offerte le 23 octobre. Le F.L.N. répond par une intensification de la lutte et la formation, à Tunis, le 19 septembre, du G.P.R.A. ou Gouvernement Provisoire de la République Algérienne.

Les 26, 27 et 28 septembre se déroule le référendum sur la nouvelle Constitution qui donna 97 % de oui sur les 80 % de votants. Les élections qui suivent, en novembre, envoient à l'Assemblée nationale 66 députés partisans de l'intégration (sur un total de 71) et seulement cinq opposants dont trois Européens : entre le F.L.N. et les « intégristes », l'absence de troisième force était manifeste.

On pouvait espérer qu'elle naîtrait avec la mise en œuvre d'une politique économique et sociale hardie annoncée par le général de Gaulle dans son discours de Constantine du 3 octobre 1958 et qui promettait notamment, en cinq ans : 400 000 emplois, 200 000 logements, la distribution de 250 000 ha et une scolarisation massive. C'est le « plan de Constantine » qui reposait, en les améliorant, sur les *Perspectives décennales de développement économique de l'Algérie* publiées en mars 1958. Grâce à ces nouvelles prévisions, par suite d'investissements métropolitains massifs (plus de 2 000 milliards de francs), la production brute de l'Algérie devait s'accroître de 58 %. Pour son application fut nommé un technicien, Paul Delouvrier, délégué général du gouvernement, assisté du général Challe, chargé des opérations militaires.

Ce dernier entreprend l'exécution d'un plan comprenant de grandes opérations de « bouclage » successives pour pacifier progressivement l'Algérie d'ouest en est avec appel à la population organisée en groupes d'autodéfense et il remporte d'incontestables succès. Les opérations militaires s'accompagnent d'un travail politique et psychologique sur lequel on comptait beaucoup et, sous la direction des officiers des S.A.S., s'accentue la pratique du regroupement qui relevait de la contre-guérilla et avait réussi au Cambodge. Rassemblant les indigènes en villages nouveaux pour les couper de l'A.L.N. (Armée de la Libération Nationale), cette politique, entamée dès 1955 dans les Aurès, devait devenir systématique à partir de 1959, porter au total sur deux millions d'individus, enregistrer des réussites et des échecs, bouleverser finalement de manière durable la géographie rurale du pays car les villages seront maintenus après la guerre.

Si dans le domaine économique et social la réalisation du plan de Constantine allait inscrire à son actif des résultats notables, en revanche dans le domaine politique les succès militaires n'ont pas les répercussions attendues : bien que très amoindrie, l'A.L.N. tient toujours et à l'extérieur, à l'O.N.U. notamment, l'audience du F.L.N. va croissant. Le général de Gaulle semble rapidement tenir compte de cette situation. Après avoir crié « Vive l'Algérie française » le 6 juin 1958, il avait parlé successivement d'une « évolution nécessaire..

dans le cadre français » (29 août), puis d'une « Algérie étroitement associée à la France » (8 janvier 1959) et, plus tard, d' « une union fédérale » avec « une place de choix pour l'Algérie » (13 juillet 1959). Revenant d'une première « tournée des popotes » faite pour tranquilliser l'armée (pas de politique d'abandon), dans un grand discours du 16 septembre 1959, le chef de l'Etat déclare qu' « au plus tard quatre années après le retour effectif de la paix » (définie comme « une situation telle qu'embuscades et attentats n'auront pas coûté la vie à 200 personnes par an »), les Algériens auraient à choisir entre trois solutions : la sécession, la francisation et l'association. Comme il jetait l'anathème sur la sécession (qui « entraînerait une misère épouvantable, un affreux chaos politique, l'égorgement généralisé et bientôt la dictature belliqueuse des communistes ») et que le seul mot de « francisation » était de nature à inquiéter les Musulmans (aussi l'armée continua-t-elle à parler d'intégration) car il était synonyme d'assimilation totale, il apparaissait nettement que la préférence officielle allait à l'association.

Cette politique d'autodétermination était peut-être susceptible de satisfaire les instances internationales et, dans une certaine mesure, le G.P.R.A., qui cependant resta méfiant, mais elle inquiéta les Musulmans algériens hésitants qui eurent tendance à glisser vers le F.L.N., amena l'armée à se poser des questions et souleva l'hostilité des Français d'Algérie groupés dans le F.N.F. ou Front National Français. D'où le soulèvement du 24 janvier qui fit quatorze tués dans les forces de l'ordre et six chez les manifestants. C'est la « semaine des barricades » au cours de laquelle les émeutiers espèrent que l'armée va prendre position en leur faveur et obliger le général de Gaulle à infléchir sa politique. Dans son discours du 29 janvier celui-ci affirme d'abord qu'il fallait « agir de manière à ne pas perdre, en fin de compte, l'Algérie, ce qui serait un désastre pour nous et pour l'Occident », assure qu'il repousse toute possibilité de négociation avec la seule « organisation rebelle », condamne le « mauvais coup » qui a été porté à la France et se déclare favorable à la solution « la plus française », tout en maintenant intégralement la politique d'autodétermination. Convaincue, l'armée ne bouge pas et se range en somme du côté du gouvernement, attitude que lui reprocheront vivement ceux qu'en métropole on appelle les « activistes », c'est-à-dire les éléments dirigeants de l'opposition européenne qui, faute de soutien militaire, ont dû cesser toute résistance.

Au total les conséquences de cette crise s'avérèrent défavorables aux partisans de l'Algérie française car, d'une part les Musulmans ne comprirent pas le sens d'une telle révolte (alors qu'ils admiraient de Gaulle) et, d'autre part, l'attitude énergique du chef de l'Etat convainquit le G.P.R.A., tout récemment remanié à Tripoli, que l'autodétermination serait une réalité et qu'il existait de véritables possibilités de négociations.

III. — Vers la révolte des militaires (février 1960-avril 1961)

Pour comprendre l'évolution qui conduira une partie de l'armée à se dresser contre le gouvernement, il faut évoquer la situation militaire dans son ensemble au cours des semaines qui suivent « l'affaire des barricades ».

Il y a tout d'abord un aspect psychologique qui est essentiel. Le malaise qui régnait depuis plusieurs années dans l'armée s'était accru avec l'échec de l'expédition de Suez (novembre 1956) et les équivoques qui planaient sur la politique algérienne du général de Gaulle. Un colonel qui s'était tenu à l'écart de toute compromission parlait de l'armée comme d' « un grand corps malade avec des membres atones et d'autres membres chargés d'un excès d'influx nerveux » et, analysant longuement le moral des officiers, il écrivait notamment : « Certains qui, sur la foi de déclarations venues de haut, ont pleinement engagé des Musulmans à leurs côtés en leur présentant comme acquise l'unité de la France et de l'Algérie, craignent d'avoir accompli une mauvaise action... » A cela s'ajoutait, en conformité avec les directives du haut commandement, la persuasion que la guerre d'Algérie correspondait à la défense de l'Occident, qu'il s'agissait d'une guerre révolutionnaire inspirée par le communisme international et dont le F.L.N. était l'instrument. Il fallait donc tout faire pour que le conflit ne se terminât point par une défaite militaire ou politique : « Le sens de notre combat est que l'Algérie demeure terre française », devait écrire le général Challe.

Or, sur le terrain la situation était favorable. Le rapport des forces semblait éloquent. Alors que le F.L.N. n'a jamais rassemblé plus de 40 000 combattants à la fois, l'armée française, avec la police, comptait plus de 500 000 hommes dont près de 150 000 Musulmans servant soit comme *harkis* (supplétifs musulmans), soit dans diverses troupes auxiliaires ; il est vrai qu'on estimait à 20 % seulement le total des militaires faisant réellement la guerre, le reste occupant le territoire ou étant accaparé par des services hypertrophiés. L'application du « plan Challe » donnait aux responsables la conviction qu'ils étaient sur le point d'écraser la rébellion à l'intérieur. Les *willayas* (circonscriptions militaires du F.L.N., au nombre de six) avaient été ébranlées par les coups de l'armée française et certaines à la suite d'une crise d' « espionnite » déterminée par les services de renseignements d'Alger et ayant provoqué des purges sanglantes en Kabylie ; la pénurie de munitions minait aussi le moral des combattants et, en mars 1960, on verra le chef de la willaya 4, celle de l'Algérois, prendre contact avec les autorités françaises pour proposer un cessez-le-feu.

Certains résultats du plan de Constantine paraissaient devoir renforcer cet optimisme : en trois ans, cent cinquante usines allaient être créées et à peu près autant d'anciennes agrandies bien que les capitaux fussent encore prudents ; la scolarisation prenait un essor spectaculaire et le nombre d'élèves doublait ; les nouveaux logements se multipliaient ; symbole du développement futur, dès 1961 on amènera à la côte six millions de tonnes de pétrole brut.

Mais le problème politique n'est pas réglé et il demeure déterminant. Le F.L.N. a proclamé à Tripoli, en janvier 1960, que : « Son objectif fondamental est la liquidation du régime colonial, la restauration de l'Etat algérien souverain et l'édification d'une république démocratique et sociale. » Du côté français, le général de Gaulle semble chercher une solution négociée et, pour informer l'armée, il entreprend, en mars 1960, une seconde « tournée des popotes » au cours de laquelle il prononce des paroles apaisantes mais parle aussi de « l'Algérie algérienne », tautologie déjà utilisée par Ferhat Abbas en 1955 et qui, dans la bouche du chef de l'Etat, va soulever les inquiétudes, surtout lorsqu'elle sera répétée dans une allocution du

14 juin s'adressant essentiellement aux « dirigeants de l'insurrection ». Ceux-ci croiront habile de répondre favorablement à l'ouverture, mais les premiers pourparlers officiels entamés à Melun (25-29 juin 1960) échouèrent rapidement.

Cette évolution se produit alors qu'en Afrique noire la Communauté est en pleine désagrégation. L'Algérie apparaît bien comme le dernier territoire important d'outre-mer sur lequel s'exerce encore la souveraineté française. Pour le défendre se constitue le F.A.F. ou Front de l'Algérie Française qui veut regrouper tous ceux qui se réclament de l'esprit du 13 mai. Mais son action ne modifie en rien la politique du gouvernement. Dans sa déclaration du 4 novembre 1960, tout en refusant, une fois de plus, au G.P.R.A. une représentativité exclusive, le général de Gaulle parle d'une Algérie qui « aura son gouvernement, ses institutions et ses lois » et de la « République algérienne, laquelle existera un jour ». Les esprits sont surexcités lorsque le chef de l'Etat effectue son voyage en Algérie du 9 au 13 décembre et de véritables émeutes éclatent dans les grandes villes où, pour la première fois, les Musulmans se dressent devant les Européens en brandissant des drapeaux vert et blanc. L'armée interviendra pour ramener l'ordre (118 morts ?) mais refusera de se laisser entraîner par les civils du F.A.F. dans une opération de caractère politique.

Le point de non-retour sera atteint avec le référendum du 8 janvier qui posait aux Français deux questions, l'une relative au principe de l'autodétermination et l'autre à l'organisation provisoire des Pouvoirs publics en Algérie. Approuvé par 75 % des suffrages exprimés en métropole et 69 % en Algérie (avec, là, il est vrai, plus de 40 % d'abstentions), la nouvelle loi donnait toute liberté au gouvernement de poursuivre la politique entamée et, rapidement, il sera question de négociations avec le G.P.R.A. Le 11 avril 1961, le général de Gaulle accepte l'éventualité de la sécession en affirmant que : « La France considérerait avec le plus grand sang-froid une solution telle que l'Algérie cessât d'appartenir à son domaine, solution qui, en d'autres temps, aurait pu paraître désastreuse pour nous et, qu'encore une fois, nous considérons actuellement d'un cœur parfaitement tranquille. » « C'est un fait, ajoute-t-il plus loin : la décolonisation est notre intérêt et, par conséquent, notre politique. » Et il souhaite « bien du plaisir » à l'Union soviétique et à l'Amérique si elles voulaient prendre notre place. Cette déclaration décide le général Challe à se mettre à la tête de ce que certains appelleront « la fronde des généraux » (Challe, Salan, Zeller, Jouhaud).

Le putsch qui éclate le 21 avril à Alger paraît d'abord réussir grâce à l'action des parachutistes. Mais, en peu de jours, tout va s'effondrer car beaucoup de ceux qui avaient promis de s'engager ne suivront pas ; la marine et la majeure partie de l'aviation resteront en dehors du coup, rendant impossible toute opération durable ; par civisme ou par crainte de voir se prolonger leur séjour en Algérie, certains groupes du contingent manifestèrent leur hostilité ; aucun appui extérieur ne s'offrit aux révoltés et, de plus, se méfiant des civils, les généraux hésitèrent et décrétèrent la mobilisation quand l'échec était patent. A vrai dire on ne voit pas comment une entreprise aussi hasardée pouvait réussir. Le 26 avril, tout était terminé. Le général Challe se rendait tandis que d'autres entraient dans la clandestinité et allaient faire parler d'eux avec l'O.A.S.

IV. — La fin de l'Algérie française (avril 1961-juillet 1962)

Alors commence ce qu'on pourrait appeler la Passion de l'Algérie française avec, pour fondement, l'amour que deux peuples portaient à une même terre sur laquelle leur vie commune était devenue impossible. La tragédie va aller croissant à mesure que se développent les négociations commencées à Evian le 20 mai 1961 et qui aboutiront seulement le 18 mars 1962, après trois interruptions.

Le gouvernement français affirme sa volonté d'aboutir en proclamant, au moment où s'ouvrent les négociations, une trêve unilatérale d'un mois dont le résultat sera d'encourager les rebelles qui cependant considéreront « comme une sorte d'affront » cette mesure « octroyée ». A partir du 5 septembre commence le repli vers la métropole d'unités importantes, laissant tomber de vastes régions sous le contrôle du F.L.N. Au même moment la France renonce à ses revendications sur le Sahara. Avec Ben Khedda, qui a succédé à Ferhat Abbas et passe pour un révolutionnaire intransigeant, le G.P.R.A. ne semble toujours pas disposé aux concessions et, en France même, les attentats du F.L.N. se poursuivent, bientôt relayés par ceux de l'O.A.S.

Celle-ci apparaît comme une organisation difficile à définir, « un conglomérat de groupes variés dont chacun avait ses propres mythes et son idéal politique propre » (A. Kelly). Elle groupe des hommes ayant appartenu à des tendances politiques diverses, unis dans un mouvement de résistance à l'abandon, mais qui n'auraient pu s'entendre pour gouverner ou même administrer ensemble. Elle ne fut jamais solidement charpentée et ses chefs, les généraux Salan et Jouhaud, ne réussirent pas toujours à imposer leur volonté, notamment quand ils essayèrent de s'opposer aux actions contre les Musulmans. Si elle comptait des officiers de grande valeur militaire, elle eut toujours très peu de combattants et c'est ce qui explique qu'elle agit essentiellement par attentats, d'abord sélectifs, puis de plus en plus anarchiques avec comme critère essentiel le racisme. Il est peu facile de préciser exactement son but politique et ses objectifs. Malgré l'existence d'une O.A.S. en métropole, il est probable que ses dirigeants n'ont jamais cru possible de prendre le pouvoir. Sans doute songeaient-ils à créer des « zones insurrectionnelles » qui auraient permis à l'Organisation de faire figure d'interlocuteur valable ; en Oranie, jusqu'au dernier moment, le général Jouhaud crut possible une « révolte généralisée ».

Peu à peu l'Algérie s'enfonce dans un climat de violence inouïe où se mêlent les actions de l'O.A.S., celles des « barbouzes » (polices parallèles anti-O.A.S.) et celles du F.L.N. : on comptera 1 308 attentats du 1er janvier au 15 février 1962 ; 5 000 morts dans les villes de janvier à juin 1962. La délégation générale du gouvernement doit se réfugier à une vingtaine de kilomètres d'Alger, au Rocher Noir, dans une cité administrative rapidement construite et étroitement surveillée.

A Evian cependant, les négociations aboutissaient à un accord de cessez-le-feu qui mettait fin aux opérations militaires sur l'ensemble du territoire algérien le 19 mars 1962 à 12 heures. Suivaient une déclaration générale et sept déclarations particulières sur la situation nouvelle entre la France et l'Algérie. Un régime provisoire serait établi en attendant le scrutin d'autodétermination, mais d'ores et déjà l'Algérie était reconnue comme un Etat indépendant et souverain englobant le Sahara.

Les Européens obtenaient certaines garanties : ils devaient avoir « une juste et authentique participation aux affaires publiques » et il était précisé que : « Leurs droits de propriété seront respectés. Aucune mesure de dépossession ne sera prise à leur encontre sans l'octroi d'une indemnité équitable préalablement fixée. » Une coopération étroite devait s'établir entre la France et l'Algérie dans tous les domaines, la France s'engageant à fournir une aide financière importante, mais obtenant quelques avantages militaires et une participation privilégiée à la mise en valeur des richesses du sous-sol saharien.

Dans l'atmosphère qui régnait en Algérie, ces accords ne pouvaient apparaître que comme la consécration d'une défaite assortie de vaines promesses. La résistance de l'O.A.S. prit un caractère désespéré. Le but de certains de ses chefs semble avoir été de faire basculer l'armée en l'obligeant à intervenir pour défendre la communauté européenne menacée dans son ensemble à la suite des attentats réitérés contre les Musulmans. Il n'en fut rien et les affrontements les plus sanglants eurent lieu entre l'armée et les Européens dans le faubourg algérois de Bab-el-Oued suivis, le 26 mars, d'une terrible fusillade qui fit une cinquantaine de morts dans la foule. La veille, le général Jouhaud avait été arrêté à Oran ; le 20 avril, ce sera le tour du général Salan. Une tentative de création d'un maquis dans l'Ouarsénis avait abouti à un échec complet au début du mois d'avril.

Or, le 8 avril, eut lieu en métropole (l'Algérie ne participant pas au vote) le référendum sur la ratification des accords d'Evian dont les résultats furent les suivants : 24,39 % d'abstentions ; 4,08 % de bulletins blancs ou nuls ; 6,65 % de non et 64,87 % de oui (correspondant à 90,70 % des suffrages exprimés). Le glas de l'Algérie française avait sonné. Certains essayeront de pratiquer une véritable politique de la terre brûlée, à Alger et à Oran surtout, mais l'O.A.S. avait perdu son emprise sur la masse européenne qui abandonnait le pays sans espoir de retour. Le 1er juillet, le peuple algérien se prononcera pour l'indépendance dans la coopération avec la France par 5 975 581 oui contre 16 534 non sur 6 349 736 inscrits, résultats incontestables quant au sens mais nettement surévalués pour le nombre d'inscrits et de votants.

A s'en tenir au seul point de vue démographique, au terme de plus de sept années d'insurrection, le bilan était lourd quoique difficile à dresser, surtout en ce qui concerne les Algériens. Pour les forces françaises, on a dénombré 24 614 tués dont environ 3 500 Musulmans (tirailleurs, harkis...) et 1 200 légionnaires ; on pense que les pertes des combattants du F.L.N. sont de l'ordre de 140 à 150 000. Jusqu'aux accords d'Evian, le total des victimes des attentats s'établissait à 3 663 tués ou disparus pour les Européens et 29 674 pour les Musulmans ; il faut y ajouter des milliers de disparus après le 19 mars et les massacres de harkis et partisans de l'Algérie française qui ne furent pas protégés. Au cours des hostilités, la population civile a subi des pertes qui s'ajoutent aux précédentes. Le total est l'objet d'estimations très variées et l'Algérie se définit parfois comme le « pays du million et demi de martyrs ». La réalité heureusement est moins terrible comme le montrent, entre autres observations, les résultats du recensement de 1966 qui font apparaître un accroissement de plus de 3 500 000 Musulmans en moins de douze années dont les sept et demie de guerre, avec pour les seuls résidents un taux de croissance annuelle de 3,36 % très supérieur à ceux des recensements antérieurs. Il est probable que les pertes de la population musulmane algérienne imputables à la guerre de 1954 à 1962 ne dépassent pas 300 000 personnes.

Toutefois, la perte de population européenne a été presque totale. Les services de rapatriement estimaient que 160 000 Européens quitteraient l'Algérie, peut-être parce que certains spécialistes avaient estimé que plus des trois quarts des Européens demanderaient la nationalité algérienne et que d'autres resteraient à titre d'étrangers. C'était tabler essentiellement sur les conditions économiques en oubliant le contexte historique et la psychologie de l'Européen d'Algérie. Il y avait d'abord la peur très justifiée du massacre, mais si elle avait existé seule on aurait compté, parmi les « vacanciers », de nombreux retours après le rétablissement de l'ordre ; or, c'est le contraire qui s'est produit et on a vu s'amenuiser jusqu'à presque disparaître complètement le dernier carré des « pieds-noirs ». Outre l'instinct de conservation jouaient, en effet, deux autres motivations essentielles : chez beaucoup, le préjugé séculaire qui leur interdisait d'obéir à un Indigène et chez presque tous le nationalisme exacerbé qui rendait intolérable l'idée de vivre à l'ombre du drapeau algérien. Résultat : le départ en quelques mois, dans des conditions le plus souvent lamentables, de près d'un million d'Européens dont quelques milliers aboutirent en Espagne ou prirent le chemin d'Israël, du Canada ou de l'Amérique du Sud, mais dont l'immense majorité devinrent des « rapatriés ».

CONCLUSION

BASES, CLIENTÈLES ET RÊVES D'AVENIR

L'Empire français s'est écroulé en deux décennies (1942-1962) et cependant il continue à se manifester dans la vie française. Peut-être voyons-nous actuellement se développer une nouvelle période qui achèvera le délabrement de l'édifice ou l'adaptera.

La première période correspond à l'expansion des mouvements nationalistes dans lesquels, presque toujours, ce sont les éléments de la bourgeoisie qui prennent l'initiative de l'opposition et réussissent progressivement à ébranler les masses, d'abord urbaines, puis rurales. Pour lutter contre le bloc national ainsi constitué dans chaque colonie, la force française repose sur l'armée dans laquelle les autochtones ont toujours tenu une place importante, les populations coloniales qui pèsent d'un poids considérable lorsqu'elles sont nombreuses comme en Afrique du Nord et ce qu'on peut appeler « le parti français » rassemblant en fait tous les Indigènes acceptant la présence française et sans lesquels aucune colonisation n'aurait pu s'implanter. Quant à l'opinion métropolitaine, elle n'aura jamais une vue exacte de la situation et accordera beaucoup plus d'importance aux autres manifestations de la vie nationale.

Face aux mouvements nationalistes poursuivant un but bien défini, l'éviction du colonisateur, les gouvernements sous la Ve comme sous la IVe République ne réussirent jamais à définir clairement une politique de colonisation ou de décolonisation. Quelques idées cependant ont retenu plus longtemps l'attention pour faire figure d'embryon de doctrine. Dans l'ensemble, il s'agit toujours de trouver une solution moyenne sous forme d'un plan de rénovation économique, de réformes administratives ou même politiques, avec pour but un système de cogestion. Dans tous les cas on partait du principe qu'il suffisait d'améliorer le sort de l'individu pour exorciser le nationalisme et qu'on réussirait à constituer un groupe assez nombreux pour former, entre les extrêmes, une troisième force qui accepterait un colonisateur libéral. C'était faire du centrisme en territoire colonial où il s'avéra que « la lutte est d'emblée totale, absolue » (F. Fanon). Ce fut l'échec. Et un empire qui s'était étendu sur plus de 12 millions de kilomètres carrés avec une population dépassant 64 millions d'habitants ne couvrait plus (sans la Terre Adélie), en 1962, que quelque 162 000 km^2 avec moins de 1 600 000 habitants.

Aujourd'hui, on peut faire quelques constatations. D'abord, tous les liens n'ont pas été rompus. Même si les nouveaux Etats cherchent à diversifier leurs relations commerciales et si la zone franc n'a plus la même consistance, les rapports économiques restent importants et dans sa politique d'aide au sous-développement la France privilégie toujours ses anciennes colonies, africaines essentiellement. De plus, les rapports culturels demeurent étroits (le mot francophonie apparaît en 1962, au moment où la France abandonne le territoire qu'elle a le plus marqué de son empreinte) et le français défend ses positions dans le monde grâce à l'appui des anciennes colonies (même si, en 1990, l'Algérie semble prendre le virage de l'arabisation totale).

Cependant ce qui reste de l'empire territorial continue à s'effriter et les « Petites France d'outre-mer », héritières de « la France des cinq parties du Monde », deviennent de moins en moins nombreuses tandis que des revendications nouvelles se font entendre. Les Comores ont proclamé unilatéralement leur indépendance le 6 juillet 1975, mais l'île de Mayotte ayant manifesté sa volonté de rester dans l'ensemble français, une loi du 24 décembre 1976 en a fait une « collectivité territoriale de la République », statut qui a été reconduit pour cinq ans par une loi du 22 décembre 1979 et prorogé en décembre 1984. La Côte française des Somalis, qui était Territoire français des Afars et des Issas depuis 1967, est la République de Djibouti depuis le 27 juin 1977. Non sans difficultés, le condominium des Nouvelles-Hébrides est devenu l'Etat du Vanuatu le 30 juillet 1980. La situation est alors celle résumée dans le tableau ci-joint.

	Superficie en km²	*Population en milliers d'habitants en 1988*
Départements d'outre-mer :		
Martinique	1 090	337
Guadeloupe (et dépendances)	1 780	337
Guyane	90 000	94
Réunion	2 500	592
Collectivités territoriales de la République :		
Mayotte	374	67 (1985)
Saint-Pierre-et-Miquelon	242	7,5
Territoires d'outre-mer :		
Nouvelle-Calédonie et îles Loyauté	18 250	164
Wallis et Futuna	240	13,5
Polynésie française	4 000	189
Terres australes et antarctiques	7 562	
+ Terre Adélie	432 000	
Total	558 038	1 801

Ne sont pas mentionnés un certain nombre d'îlots apparemment sans réelle importance : celui de Tromelin, à l'est de Madagascar, revendiqué par l'Etat de Maurice et surtout, dans le canal de Mozambique, les îles Glorieuses, Juan-de-Nova, Europa et Bassas-de-India, réclamées par Madagascar.

Les territoires demeurés sous souveraineté française discutent de leur statut. Saint-Pierre-et-Miquelon a acquis celui de département le 9 juillet 1976, puis ce statut a été modifié en celui de collectivité territoriale le 11 juin 1985. La Polynésie française, qui était territoire d'outre-mer depuis 1946, a obtenu l'autonomie interne en 1984. Dans les départements d'outre-mer, constitués par les « vieilles colonies » (Guadeloupe, Martinique, Guyane et Réunion), des voix indépendantistes s'élèvent (la première « Conférence des dernières colonies françaises » dont l'objet était l'indépendance des territoires et départements d'outre-mer, s'est tenue en Guadeloupe du 5 au 7 avril 1985) mais le courant départementaliste l'emporte encore, en partie animé par la peur du « largage » par la métropole car la population très dense (sauf en Guyane) malgré l'alimentation d'un fort courant d'émigration vers la France européenne, doit, sur place, l'essentiel de son niveau de vie à l'assistance du reste de la République. La situation est plus grave en Nouvelle-Calédonie, territoire d'outre-mer depuis 1956, où cohabitent des groupes ethniques qui diffèrent culturellement, sociologiquement et économiquement, d'implantation très ancienne pour les Mélanésiens (43 % de la population en 1983) ou d'installation remontant au XIXe ou au XXe siècle pour les Européens (37 %), les Polynésiens (12 %), les Asiatiques et autres (8 %). En 1978, l'Union calédonienne qui militait auparavant pour une plus grande autonomie (obtenue en partie par une loi de 1977) se rallie à l'idée d'indépendance et, les socialistes s'y étant montrés favorables au cours de la campagne présidentielle, l'élection de F. Mitterrand à la présidence de la République en 1981 fait espérer, aux indépendantistes, un succès rapide. Or, ce n'est qu'en juillet 1984, qu'est voté un nouveau statut, modifié en août 1985, qui provoqua les élections régionales du 29 septembre 1985 : les indépendantistes eurent la majorité dans trois régions sur quatre (pas dans celle de Nouméa où vivaient près de 6 Néo-Calédoniens sur 10) donc, ne recueillirent, au total, que 35 % des suffrages exprimés. Dans ces conditions, le FLNKS préféra boycotter le référendum proposé en 1987 par le gouvernement Chirac mais le succès écrasant des anti-indépendantistes correspondit malgré cela à 57 % du corps électoral. Ne pouvant arriver légalement à l'indépendance, les indépendantistes essayèrent l'insurrection en prenant en otages des gendarmes d'Ouvéa : le 5 mai 1988, l'action de troupes d'élite mit fin à cette tentative, incitant les indépendantistes à la modération. La réélection de F. Mitterrand s'accompagna d'un accord entre les deux principaux partis en présence (FLNKS et RCPR) sur un découpage en trois provinces (Sud, Nord et îles Loyauté) et un statut transitoire de grande autonomie régionale, en attendant un référendum d'autodétermination en 1998, référendum auquel ne prendront part que les électeurs déjà résidents dans les îles en 1988 et leurs enfants majeurs.

L'enchaînement des événements a donc conduit à une politique de bases réparties sur l'ensemble de la planète. Si la France s'est maintenue à Mayotte, c'est à cause de la localisation dans l'océan Indien et non pour l'importance de l'île ; les îlots du détroit de Mozambique n'ont d'intérêt que pour contrôler une importante voie d'acheminement du pétrole ; l'affirmation de la présence en Polynésie est liée à l'atoll de Mururoa qui permet de poursuivre des essais atomiques, dans une région peu peuplée et en attendant un véritable plan de désarmement nucléaire mondial ; la Guyane, malgré sa superficie équivalente au sixième de la France européenne, ne retient l'attention que comme base de lancement de satellites de Kourou, installée ici à cause de la proximité de l'équateur et assurant une présence française et européenne dans l'espace ; Djibouti, république indépendante, accueille les bâtiments de la Marine chaque fois que des événements graves ont lieu au Moyen-Orient ; le cas de Nouvelle-Calédonie ne diffère qu'en apparence puisqu'il est question d'établir une base militaire à Nouméa.

Ce maintien de bases s'est accompagné d'une politique de « clientèles », c'est-à-dire de soutien aux anciennes colonies. Dès 1960, sous les gouvernements de Gaulle, qui avait pourtant « liquidé » l'Empire, la France s'est intéressée au sort de ses ex-colonies : tous les ans, les finances françaises soutiennent les budgets des jeunes Etats indépendants, de manière plus ou moins discrète comme pour le contrat avec l'Algérie concernant le prix d'achat du gaz saharien. La reconnaissance des ex-colonies se manifeste à l'ONU où le soutien de cette vingtaine d'Etats a permis à la France de siéger, comme cinquième grande puissance, au Conseil permanent de sécurité, aux côtés des Etats-Unis, URSS, Royaume-Uni et Chine.

Un mirage est cependant venu recouvrir la réalité, celui de l'exploitation des nodules polymétalliques des fonds océaniques d'où l'importance de l'espace maritime. Depuis que la limite des « zones économiques » a été fixée à 200 milles marins (370 km), l'importance des départements et territoires d'outre-mer a grandi d'un coup : réduite à son hexagone, la France ne jouirait que de 340 290 km² dans les eaux des mers et des océans ; avec son héritage impérial, ces quelques « confettis », elle dispose de plus de 11 millions de kilomètres carrés puisqu'on peut y adjoindre suivant André Teulières (1) :

D.O.M. de l'Atlantique 355 940 km²	Antilles	170 900 km²
	Guyane	130 140 —
	Saint-Pierre-et-Miquelon	54 900 —
T.O.M. du Pacifique 7 668 730 km²	Nouvelle-Calédonie	2 105 090 —
	Wallis et Futuna	271 050 —
	Polynésie française	4 867 370 —
	Clipperton	425 220 —
D.O.M. et T.O.M. de l'océan Indien 2 771 660 km²	Réunion	312 360 —
	Tromelin	276 290 —
	Mayotte et îlots du canal de Mozambique	431 320 —
	Iles Australes (Kerguelen)	1 751 690 —
Terre Adélie		112 000 —
		10 908 330 km²

11 millions de kilomètres carrés, c'est une superficie voisine de celle de l'ancien empire et comme on parle des fabuleuses richesses qu'apporteraient les nodules polymétalliques renfermant nickel, cuivre, cobalt, manganèse..., une loi a été adoptée le 24 novembre 1981 sur l'exploration et l'exploitation des ressources minérales des grands fonds marins. Après avoir possédé le second empire colonial du monde, la France sera-t-elle l'une des trois grandes puissances océaniques avec les Etats-Unis et la Grande-Bretagne ? Encore un rêve impérial ?

(1) *Outre-mer français et exploitation des océans*, Paris, Académie des Sciences d'outre-mer et O.R.S.T.O.M., 1981, p. 14.

ÉTATS ISSUS DE L'EMPIRE FRANÇAIS DE 1930

Etats	*Superficie en km²*	*Population en milliers (estimation en 1989)*
En Asie		
Proche-Orient :		
Liban	10 400	2 900
Syrie	185 180	11 700
Extrême-Orient :		
Viêt-nam (Rép. soc.)	329 556	64 700
Cambodge	181 035	8 000
Laos	236 800	3 900
En Afrique		
Du Nord :		
Maroc	659 970	24 700
Algérie	2 381 741	24 600
Tunisie	163 610	8 000
Ancienne A.O.F. :		
Sénégal	196 722	7 400
Mauritanie	1 032 455	1 950
Mali	1 240 000	7 900
Burkina-Faso (ex-Haute-Volta)	274 200	8 700
Niger	1 267 000	7 500
Guinée	245 860	6 700
Côte-d'Ivoire	322 462	12 100
Bénin (ex-Dahomey)	112 622	4 600
Ancienne A.E.F. :		
Gabon	267 667	1 200
Congo	342 000	2 250
Rép. centrafricaine	622 984	2 800
Tchad	1 284 000	5 500
Ex-mandats :		
Cameroun	475 442	11 400
Togo	56 785	3 600
Djibouti (Rép. de)	22 000	510
Dans l'océan Indien et l'océan Pacifique		
Madagascar	587 041	11 600
Comores (sans Mayotte)	1 862	450
Vanuatu (ex-Nouvelles-Hébrides)	14 760	150
Total	12 514 154	244 810

BIBLIOGRAPHIE

Cette bibliographie se limite à des livres en français.

1° *Pour la période 1930-1939*

M. Guernier, *Essai sur une politique économique de l'Empire français*, Pedone, 1936, 152 p. ; G. Hardy, *Géographie de la France extérieure*, Larose, 2ᵉ éd., 1932, 378 p. et *Nos grands problèmes coloniaux*, Colin, 1929, 216 p. ; *L'Afrique et la crise de 1930*, Société française d'Histoire d'outre-mer, 1976, 409 p.

Deux documents essentiels :

Conférence économique de la France métropolitaine et d'outre-mer, Larose, 1935, 3 vol.

Exposition coloniale internationale de 1931. Rapport général présenté par le gouverneur général Olivier, 1932-1934, 3 vol.

2° *Sur la décolonisation dans son ensemble*

Certains livres envisagent le problème sur le plan mondial : amiral P. Auphan, *Histoire de la décolonisation*, France-Empire, 1967, 319 p. ; J. Berque, *Dépossession du monde*, Ed. du Seuil, 1964, 219 p. ; J. Berque, J.-P. Charnay et autres, *De l'impérialisme à la décolonisation*, Ed. de Minuit, 1965, 504 p. ; G. de Bosschère, *Les deux versants de l'histoire*, A. Michel, 1967-1969, 2 vol. ; H. Deschamps, *La fin des empires coloniaux*, Presses Universitaires de France, 3ᵉ éd., 1963, 128 p. ; J. Folliet, *Le droit de colonisation...*, Bloud & Gay, 1933, 350 p. ; H. Grimal, *La décolonisation (1919-1963)*, Colin, 1965, 408 p. ; sous la direction de M. Merle, *Les églises chrétiennes et la décolonisation*, Colin, 1967, 520 p. ; J.-L. Miège, *Expansion européenne et décolonisation...*, Presses Universitaires de France, 1973, 414 p.

D'autres ouvrages considèrent le phénomène dans le cadre de la politique générale française : G. de Carmoy, *Les politiques étrangères de la France, 1944-1966*, La Table Ronde, 1967, 519 p. ; J. Chapsal, *La vie politique en France depuis 1940*, Presses Universitaires de France, 1966, 591 p. ; J. Chastenet, *Cent ans de République*, J. Tallandier, 1970, vol. 6 à 9 ; G. Dupeux, *La France de 1945 à 1965*, A. Colin, 1969, 384 p. ; G. Elgey, *Histoire de la IVᵉ République*, Fayard, 1965-1968, 2 vol. ; J. Fauvet, *La IVᵉ République*, Fayard, 1959, 379 p. ; A. Grosser, *La IVᵉ République et sa politique extérieure*, Colin, 1961, 440 p. ; J. Julliard, *La IVᵉ République*, Calmann-Lévy, 1968, 380 p. ; Y. Trotignon, *La France au XXᵉ siècle*, Bordas, Mouton, 1968, 448 p. ; P. Viansson-Ponté, *Histoire de la République gaullienne*, t. 1, Fayard, 1970, 578 p. — A part, du général de Gaulle, chez Plon : *Mémoires de guerre*, 1954, 1956 et 1959, 3 vol. ; *Mémoires d'espoir, Le Renouveau, 1958-1962*, 1970, 316 p. ; *Discours et Messages*, t. 3, 1970, 444 p.

Parmi les études ayant pour objet la colonisation et la décolonisation françaises elles-mêmes : F. Borella, *L'évolution politique et juridique de l'Union française depuis 1946*, Nancy, 1958, 500 p. ;

G. Chaffard, *Les carnets secrets de la décolonisation*, Calmann-Lévy, 1965-1967, 2 vol. ; J. Ehrhard, *Le destin du colonialisme*, Eyrolles, 3ᵉ éd., 1958, 236 p., et *Communauté ou sécession*, Calmann-Lévy, 1959, 181 p. ; sous la direction de R. Girardet, *La crise militaire française, 1945-1962*, Colin, 1964, 240 p., et *L'idée coloniale en France, 1871-1962*, La Table Ronde, 1972, 335 p. ; P.-F. Gonidec, *Droit d'outre-mer*, Montchrestien, 1959-1960, 2 vol. ; Y. Guéna, *Historique de la Communauté*, Fayard, 1962, 192 p. ; G.-A. Kelly, *Soldats perdus*, Fayard, 1967, 484 p. ; H. Labouret, *Colonisation, colonialisme, décolonisation*, Larose, 1952, 205 p. ; J. Lacouture, *Cinq hommes et la France*, Ed. du Seuil, 1961, 374 p. ; J. Marseille; *Empire colonial et capitalisme français...*, Albin Michel, 1984, 462 p. ; P. Mus, *Le destin de l'Union française...*, Ed du Seuil, 1954, 359 p. ; C. Paillat, *Vingt ans qui déchirèrent la France*, Laffont, t. I, 1969, 628 p., et II, 1972, 793 p. ; J. Rous, *Chronique de la décolonisation*, Présence Africaine, 1965, 479 p. ; A. Teulières, *L'Outre-Mer français*, Berger-Levrault, 1970, 483 p. ; R. Viard, *La Communauté impériale française*, Ed. Alsatia, 1954, 136 p. ; *La fin de l'Empire colonial français*, Maisonneuve-Larose, 1963, 161 p. — Le point de vue psychologique et sociologique dans : O. Mannoni, *Psychologie de la colonisation*, Ed. du Seuil, 1950, 230 p. ; A. Memmi, *Portrait du colonisé...*, Pauvert, 1966, 190 p. — A part, les *Mémoires* de R. Salan, Presses de la Cité, 4 vol., 1970-1974.

3° *Sur l'Indochine*

L. Bodard, *La guerre d'Indochine*, Gallimard, 5 vol., 1973 ; général Catroux, *Deux actes du drame indochinois...*, Plon, 1959, 238 p. ; J. Chesneaux, *Le Viet-Nam*, Ed. sociales, 1955, 324 p. ; P. Devillers, *Histoire du Viet-Nam de 1940 à 1952*, Ed. du Seuil, 1952, 480 p. et *Histoire du XXᵉ siècle. Asie du Sud-Est*, Sirey, 1971, vol. II ; Y. Gras, *Histoire de la guerre d'Indochine*, Plon, 1979, 600 p. ; P. Héduy, *La guerre d'Indochine*, Société de Production littéraire, 1981, 358 p. ; Ho Chi Minh, *De la Révolution, 1920-1966*, Plon, 1967, 495 p. ; P. Isoart, *Le phénomène national vietnamien...*, Librairie générale de Droit et de Jurisprudence, 1961, 439 p. ; J. Lacouture, *Hô Chi Minh*, Ed. du Seuil, 1967, 246 p. ; J. Lacouture et P. Devillers, *La fin d'une guerre...*, Ed. du Seuil, 1960, 382 p. ; Le Than Koi, *Le Viet-Nam...*, Ed. de Minuit, 1955, 588 p. ; C. Paillat, *Dossier secret de l'Indochine*, Presses de la Cité, 1964, 411 p. ; J. Sainteny, *Histoire d'une paix manquée...*, Fayard, 1967, 296 p.

4° *Sur l'Afrique noire et Madagascar*

Sur l'Afrique noire : M. Cornevin, *Histoire de l'Afrique contemporaine...*, Payot, 1980, 447 p. ; R. Cornevin, *L'Afrique noire de 1919 à nos jours*, Presses Universitaires de France, 1973, 251 p. et *Histoire de l'Afrique*, t. 3, Payot, 1975, 691 p. ; R. Delavignette, *L'Afrique noire française et son destin*, Gallimard, 1962, 208 p. ; H. Deschamps, *L'Afrique au XXᵉ siècle*, Sirey, 1966 ; F. Eboué, *La nouvelle politique indigène pour l'Afrique équatoriale française*, Alger, s. d., 59 p. ; J. Ki-Zerbo, *Histoire de l'Afrique noire*, Hatier, 1972, 702 p. ; sous la direction de M. Merle, *L'Afrique noire contemporaine*, Colin, 1968, 456 p. ; E. Milcent et M. Sordet, *Léopold Sédar Senghor et la naissance de l'Afrique moderne*, Ed. Seghers, 1969, 274 p. ; J. Suret-Canale, *Afrique noire*, Ed. Sociales, 2ᵉ et 3ᵉ vol., 1964, 1972 ; *La Conférence africaine française, Brazzaville (30 janvier-2 février 1944)*. Commissariat aux Colonies, Alger, 1944, 127 p.

Sur Madagascar : P. Boiteau, *Madagascar*, Ed. sociales, 1958, 432 p. ; H. Deschamps, *Histoire de Madagascar*, Berger-Levrault,

1961, 348 p. ; E. RALAIMIHOATRA, *Histoire de Madagascar*, Tananarive, 1976, 325 p. ; A. SPACENSKY, *Madagascar...*, Nouvelles éd. latines, 1970, 526 p. ; J. TRONCHON, *L'insurrection malgache de 1947*, Maspero, 1975, 400 p.

5° *Sur l'Afrique du Nord*

En général : J. BERQUE, *Le Maghreb entre deux guerres*, Ed. du Seuil, 2e éd., 1970, 496 p. ; J. GANIAGE, *L'Afrique au XXe siècle*, Sirey, 1966 ; Ch.-A. JULIEN, *L'Afrique du Nord en marche*, Julliard, 1972, 439 p. ; R. LE TOURNEAU, *Evolution politique de l'Afrique du Nord musulmane (1920-1961)*, Colin, 504 p. ; *Annuaire de l'Afrique du Nord*, Aix-en-Provence, C.N.R.S., 1962 à 1979.

Sur la Tunisie : H. BOURGUIBA, *La Tunisie et la France*, Julliard, 1954, 462 p. ; E. COHEN-HADRIA, *Du protectorat français à l'indépendance tunisienne*, Nice, Centre de la Méditerranée, 1976, 342 p. ; S. GROS, *La politique de Carthage*, Plon, 1958, 113 p. ; L. PÉRILLIER, *La conquête de l'indépendance tunisienne*, R. Laffont, 1979, 306 p.

Sur le Maroc : Abdel Aziz BELAL, *L'investissement au Maroc (1912-1964)*, Mouton, 1968, 424 p. ; S. BERNARD, *Le conflit franco-marocain, 1943-1956*, à Bruxelles, 1963, 2 vol. ; L. CERYCH, *Européens et Marocains, 1930-1956*, à Bruges, 1964, 432 p. ; C.-A. JULIEN, *Le Maroc face aux impérialismes*, Ed. J.A., 1978, 549 p. ; général G. SPILLMAN, *Du protectorat à l'indépendance du Maroc (1912-1955)*, Plon, 1967, 245 p.

Sur l'Algérie, en dehors des histoires générales (C.-R. AGERON ; C. MARTIN) : F. ABBAS, *Guerre et révolution en Algérie : La nuit coloniale*, Julliard, 1962, 239 p. ; *Autopsie d'une guerre*, Garnier, 1980, 346 p. ; P. BEYSSADE, *La guerre d'Algérie (1956-1962)*, Ed. Planète, 1968, 270 p. ; R. BUCHARD, *Organisation Armée secrète*, A. Michel, 1963, 2 vol. ; M. CHALLE, *Notre révolte*, Presses de la Cité. 1968, 445 p. ; M. CORNATON, *Les regroupements de la décolonisation en Algérie*, Les Editions ouvrières, 1967, 295 p. ; P. EVENO et J. PLANCHAIS, *La guerre d'Algérie*, La Découverte/Le Monde, 1989, 425 p. ; F. FANON, *Sociologie d'une Révolution...*, Maspero, 1959, 200 p., et *Pour la Révolution africaine, écrits politiques*, Maspero, 2e éd., 1969, 199 p. ; J. FERNIOT, *De Gaulle et le 13 mai*, Cercle du Nouveau Livre d'Histoire, 1965, 554 p. ; P. GOINARD, *Algérie, l'œuvre française*, R. Laffont, 1984, 419 p. ; colonel LE GOYET, *La guerre d'Algérie*, Perrin, 1989, 502 p. ; P. HÉDUY, *Algérie française*, 1942-1962, Société de Production littéraire, 1980, 376 p. ; A. HORNE, *Histoire de la guerre d'Algérie*, A. Michel, 1980, 608 p. ; H. JACQUIN, *La guerre secrète en Algérie*, Olivier Orban, 1977, 321 p. ; E. JOUHAUD, *O mon pays perdu*, Fayard, 1969, 564 p. ; *Ce que je n'ai pas dit*, Fayard, 1977, 439 p. ; *Serons-nous enfin compris ?*, A. Michel, 1983, 305 p. ; M. KADDACHE, *Histoire du nationalisme algérien...*, Alger, SNFD, 1980, 2 vol. ; A. MANDOUZE, *La Révolution algérienne par les textes*, Maspero, 2e éd., 1961, 223 p. ; A. NOUSCHI, *La naissance du nationalisme algérien*, Ed. de Minuit, 1962, 162 p. ; T. OPPERMANN, *Le problème algérien*, Maspero, 1959, 315 p. ; C. PAILLAT, *Le dossier secret de l'Algérie*, Presses de la Cité, 2 vol., 1961-1962 ; A. PASSERON, *De Gaulle parle*, Plon, t. I, 1962, 592 p. ; J. SOUSTELLE, *Aimée et souffrante Algérie*, Plon, 1956, 308 p. ; Ph. TRIPIER, *Autopsie de la guerre d'Algérie*, Ed. France-Empire, 1972, 572 p. ; *O.A.S. parle*, Julliard, 1964, 356 p. ; X. YACONO, *De Gaulle et le F.L.N.*, Versailles, Ed. Atlanthrope, 1989, 128 p.

Pour les documents : C. COLLOT et J.-R. HARDY, *Le mouvement national algérien, 1912-1954*, L'Harmattan, 1978, 347 p. ; M. HARBI, *Les Archives de la Révolution algérienne*, Jeune Afrique, 1981, 583 p.

TABLE DES MATIÈRES

Imprimé en France
Imprimerie des Presses Universitaires de France
73, avenue Ronsard, 41100 Vendôme
Octobre 1991 — N° 37 229